题型解读

一、单项选择题

(一)题型介绍

单项选择题的目的是检验考生对所学知识的掌握程度和辨别分析能力。在历年真题中,单项选择题题量稳定在15道,分值为45分,占试卷总分值的30%。题干在情境设计和设问上多种多样,个别题目的选项似是而非,迷惑性较强,稍一疏忽就会选错。每题有且只有一个正确选项,其他选项要么不符合题意,要么是错误的,要求考生把四个选项进行比较,选出正确且最符合题意的一项。

(二)解题方法

单项选择题的解题方法,最常见的就是排除法(包括排谬、排对、排异等)、优选法、比较分析法等。“排谬法”是把明显错误的选项排除(如题干要求选错的就把正确的排除);“排对法”是把选项中一致、互相重复或能互相推出,选其一必能多选的成对选项排除;“排异法”是把与题意无关的选项排除。剩下的选项再用“优选法”把明显符合题意的选出。所谓“最符合题意”,主要是针对“正确”选项中的“最佳”选择而言的。选出答案后,应检查一下解题的思路是否正确,题干与题之间的内在逻辑关系是否成立,以确保选项的正确性。

二、简答题

(一)题型介绍

简答题是信息技术教师资格考试的必考题型。在历年真题中,简答题题量稳定在3道,分值为30分,占试卷总分值的20%。一般简答题所涉及的问题都比较具体,让考生阐述某种观点,或者对某种理论做出解释,也可能是提供算法或程序,有一定的系统性。考生在回答这类题时要层次清楚、言简意赅,论点或根据不可遗漏。简答,这既是简答题内容上的要求,也是这类题的题型特点。

1. 学科专业知识

简答题在信息技术学科专业知识部分的考查比较综合,主要考查对专业知识的掌握程度,直接考查某个具体的知识点或者直接给出问题进行解答,要求考生具有夯实的专业知识基础。考查的知识点主要包括信息与信息技术、编程思想与能力、数据模型及特点、网络协议、网络基础应用等。

2. 学科教学能力

简答题在信息技术学科教学能力部分的考查比较综合,主要考查考生对教学知识的掌握程度,考查的知识点主要有学科核心素养、课程内容特点、课程意义、评价方法等。

(二)解题方法

1. 学科专业知识

学科专业知识简答题主要分为两类。一类是直接给出问题,直接作答。对于这种类型的题目,答案来自教材,不偏不怪,回答也比较容易。回答时要层次清楚、言简意赅、突出重点,可以不作过多的解释。但是要求对整体有一个把握,要点要抓全。我们不建议死记硬背,但必要的记忆不可少,主张在理解的基础上识记教材主干知识。另一类是给出材料或图表进行作答。对于此类型的题目,一般需要有一定的逻辑推理能力。这类题目常以编程题出现,给出具体要求,要求考生结合材料给出具体的算法或程序。此类题目作答时,强调具体方法,突出实践过程,注意操作的程序性,考查一定的逻辑推理能力。

在解答简答题时,根据不同类型的题目采用不同的解决办法,但答案一定要逻辑清晰、条理清楚。

2. 学科教学能力

学科教学能力在简答题中主要考查考生的教学能力。作答时,首先需要对信息技术教学知识有一定的基础,其次要逐条作答,最后必须严格围绕题干问题作答。无论是哪类简答题,考生均可参照以下思路进行解题。

(1)确切审题

简答题通常以构题方式多变、解题信息模糊隐蔽为特点,对审题方面提出更高的要求,成功的审题是成功解答的基础。审题的关键是抓住题目的中心,包括题干信息中心、问题中心和疑难点中心三个中心,并将三者进行有机地整合,由此思考解决问题的思路和方法。通常是由信息中心→疑难点中心→问题中心,令问题顺利解决。

(2)有效提取题干信息

要特别注意收集试题中有用的解题信息,包括试题中隐藏的信息,并排除无关信息,要克服粗心大意的现象,要精确地把握图、表的内容及文字中表示条件、程度、状态和时间等的词语,并切实用于解题。相对于教材知识而言,题干信息对于解题更有用。

(3)有全面扎实的知识基础

教师资格考试命题以基础知识的考查为主,尽管试题通常以教材知识的变式来呈现,而且命题的素材很多来自教材知识,但题在书外,理在书内,这也是命题的基本特点。所以具备全面扎实的知识是正确解题的基础,而且能够自如地运用教材上术语所作的回答是最规范和正确的。

(4)正确答题

答题时要注意以下几个方面:

①开门见山,直截了当;切忌拖泥带水、啰啰嗦嗦。

②紧扣主题,简明扼要,言简意赅,不可长篇大论。

③要点齐全,层次分明,条理清楚,一目了然。

④注意回归教材,紧扣教材知识作答,不应随便发挥,力求使用科学用语。

三、案例分析题

(一)题型介绍

案例分析题是向考生提供一段背景资料,然后提出问题,在问题中要求考生阅读分析给定的资料,依据一定的理论知识,或做出决策,或做出评价,或提出具体的解决问题的方法或意见等。在历年真题中,案例分析题题量稳定在2道,分值为40分,占试卷总分值的26.7%。

案例分析题是考查考生运用有关知识解决教学实际问题的能力的集中体现。案例分析题最大的特点是:陈述的是教学,凝聚的是知识,蕴含的是能力。从表面上看,案例所描述的是一组教学场景,但实际上其中蕴涵着许多知识和规则,而在这些知识和规则的背后又支撑着大量的知识运用。所以,考试中,考生不仅要从给出的教学案例中找出这些知识点和规则,而且要能熟练地运用自己找出的知识点或规则来解决实际教学中的问题。案例分析题属于综合性题目,考查的是高层次的认知目标。它不仅能考查考生了解知识的程度,而且能考查考生理解、运用知识的能力,更重要的是它能考查考生综合、分析、评价方面的能力。因此,案例分析题是区分度很高的题目类型。考生只要掌握了案例分析题的特点与规律,以及正确的解题方法,就可以使案例分析题成为自己的得分强项。

(二)解题方法

1. 看点

这点要求考生先看题干最后提出的问题,弄清考什么。在审题之前,考生不妨先看看提问,了解考的是哪一个知识点,属于哪种题型等。经验表明,带着问题审题的效果比直接审题更好。找准考点是解题和得分的关键。对于判分者而言,考点就是出分点,见一个考点给一次分。而对考生来说,考点就好比灯塔,有了灯塔就有了解题的方向,少一个或错一个就意味着少得一个得分点。看点,重在准确、明晰。

2. 审题

认真而仔细地审题是至关重要的。审题可逐字逐句地阅读,也可同时画出关键词,即在与提问有关的词下面画线。对于较为复杂的材料,也可以提炼出一个简要的"案情"或"关系图",以帮助全面、准确地掌握材料重点,防止遗漏。审题,重在快速、全面、准确和理解。

3. 找规则

考生在审题后应根据题干所提出的问题和给定的材料,思考所要考查的知识点,回忆有关概念或原理。有必要的话,可将有关知识点或原理列在草稿上。根据罗列的知识点找出一般规则。

4. 答题

答题就是材料事实与理论的有机契合,是考生解决问题能力的体现。答题可分为三步:先组织解答提纲,再确定解答方式,最后落笔成文。组织解答提纲,即根据问题、材料、有关知识点和教育理论,逐一列出其解答要点,不要遗漏。

四、教学设计题

(一)题型介绍

教学设计题是考查考生运用有关知识解决教学实际问题的能力的集中体现。在历年真题中,教学设计题题量稳定在1道,分值为35分,占试卷总分值的23.3%。教学设计题一般要求考生根据课程要求自行设计教学目标,创设教学情境,设计教学策略及教学过程。和案例分析题相比,教学设计题更能考查考生的教学实际应用能力。

信息技术常见的教学设计题的类型有以下两种:

(1)给定教学设计题目以及课程的教学内容介绍,要求进行教学目标、教学重难点、教学策略、教学过程的设计。

(2)给定一个不成功的课堂教学过程,要求进行教学再设计,并与原来的教学进行比较分析。

(二)解题方法

1. 先看要解决的问题

教学设计题最后提出要解决的问题一般比较简短,可先看问题,这样在阅读题干材料时就能有较强的针对性,容易抓住重点,提高效率。审题要认真,要抓住问题中的关键词,弄清问题要求分析的到底是什么。

2. 认真阅读题干中的信息

带着问题读题目,从材料中获取有用信息,找到解题的关键。不能被具体细节问题迷惑。

3. 确立答题的整体框架

阅读背景材料以后,不要急于动笔。应先花几分钟对问题进行系统分析和思考,套用解决问题所需运用的相关理论,确定答题思路和要点,先在头脑中或稿纸上构筑起答题框架,这样才能有一个清晰的思路。

4. 问题解答

在问题解答时需要注意以下几点:切中主题,段落清晰,层次分明,语言简练准确。注意专业用语的运用。

综上所述,在解决此类问题时应以学生为主体,结合学生的实际需求,灵活运用各种教学方法,把整个教学过程设计得更加流畅,也就更加符合教学设计的要求。

机密★启封前　　　　　　　　　　　姓名＿＿＿＿　　准考证号＿＿＿＿＿＿

2020 年下半年中小学教师资格考试真题试卷

《信息技术学科知识与教学能力》(高级中学)

注意事项:

1. 考试时间为 120 分钟,满分为 150 分。
2. 请按规定在答题卡上填涂、作答。在试卷上作答无效,不予评分。

一、单项选择题(本大题共 15 小题,每小题 3 分,共 45 分)

在每小题列出的四个备选项中只有一个是符合题目要求的,请用 2B 铅笔把答题卡上对应题目的答案字母按要求涂黑。错选、多选或未选均无分。

1. 为了保障网络安全,维护网络空间主权和国家安全、社会公共利益,保护公民、法人和其他组织的合法权益,促进经济社会信息化健康发展,我国于 2017 年 6 月 1 日起施行(　　)

A.《计算机软件保护条例》

B.《中华人民共和国网络安全法》

C.《计算机信息网络国际联网安全保护管理办法》

D.《金融机构计算机信息系统安全保护工作暂行规定》

2. 2016 年 12 月 21 日,某第三方支付平台正式发布“实景红包”,截图如图 1 所示。用户在发、抢红包时,需要同时满足地理位置定位和实景扫描两个条件,相比既有的红包形式,增强了互动性和趣味性。该功能采用的主要技术属于(　　)(常考)

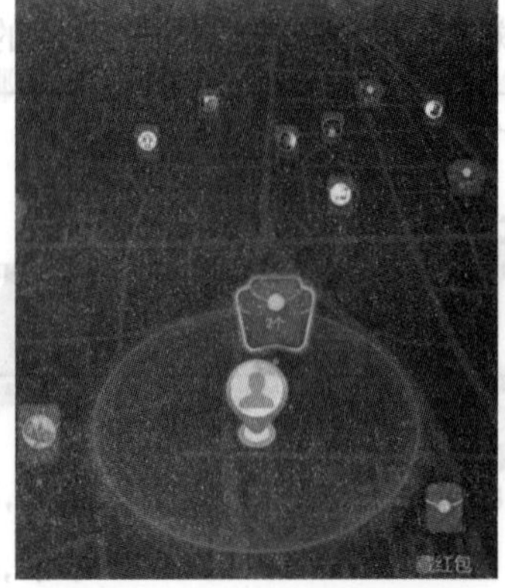

图 1

A. 多媒体技术　　B. 机器翻译技术　　C. 增强现实技术　　D. 语音识别技术

3. 通过某电子地图软件查询到的信息如图 2 所示,下列说法正确的是(　　)

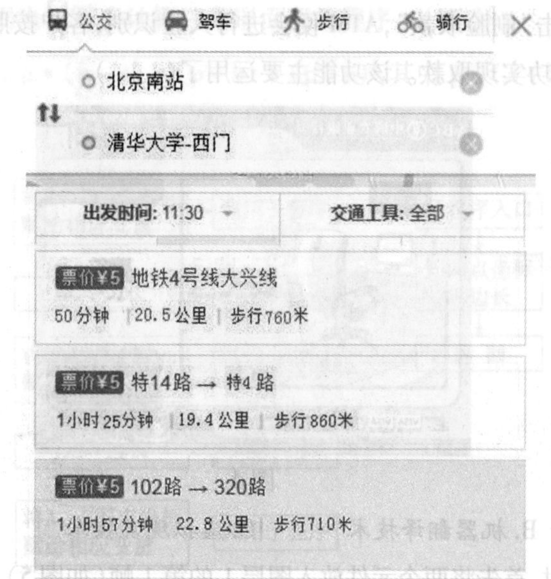

图 2

A. 乘 102 路转 320 路的行驶里程最短

B. 起止地址是从清华大学－西门到北京南站

C. 乘坐地铁 4 号线大兴线所用的时间最短

D. 北京南站到清华大学－西门最短的行驶距离是 20.5 公里

4. 在编辑文档过程中,有时需要使用“分节符”在同一文档不同部分设置不同的页眉或页脚。图 3 是 Word 2010 部分选项卡截图,设置“分节符”应该使用(　　)选项卡。(易错)

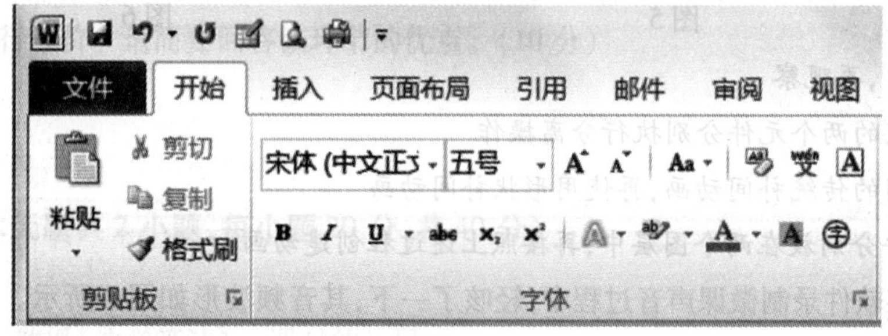

图 3

A. 开始　　B. 插入　　C. 页面布局　　D. 视图

5. 下列有线介质中,用于计算机网络且数据传输速率最高的是(　　)

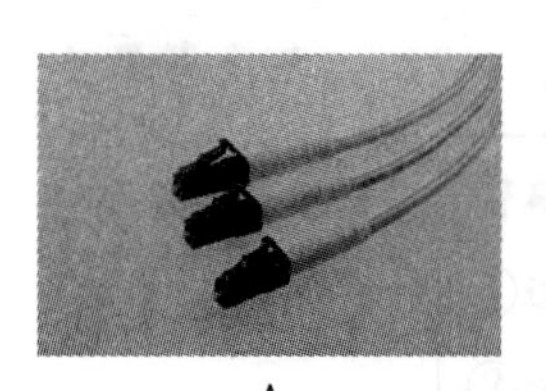
A

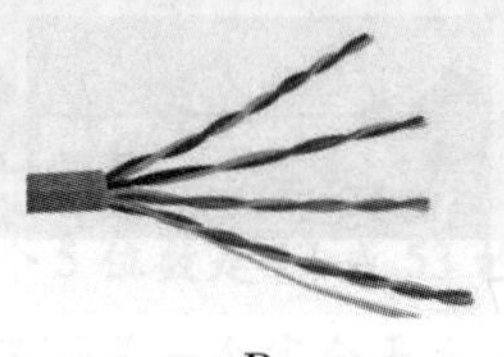
B

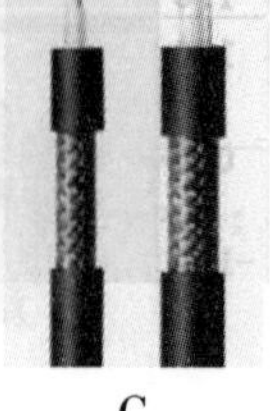
C

D

请同学们根据这两个条件猜测文档的密码是什么？

姜老师：如果密码程序允许我们有无限次尝试密码的机会，那么是不是就可以从25001开始依次尝试可能的密码值？25001，然后是25011，25021……将中间缺失的数值看作一个变量，如果密码值是n，那么n－25001＝j＊10，变量j从00到99依次变化，每变化一次就判断一下是否符合这两个条件，符合条件的就是我们要找的密码，这就是枚举算法解决问题的基本思路（大屏幕出示：总结枚举算法解决问题的基本思路）。

片段二：

姜老师：现在问题就转换为求n的值，n应该满足上述两个条件，根据我们之前学的求余运算，我们知道第一个条件是n mod 17＝0 or n mod 53＝0，另一个条件呢？怎么表达？大家先看下这个问题（大屏幕出示题目）：

（单项选择题）已知x，y均是正整数，关系表达式int（x/y）＝x/y为真时，则表示（　　）	
A. x不能被y整除	B. x能被y整除
C. x与y一定相等	D. x小于y

姜老师：联想这个题目中的表达式，判断n是否是完全平方数的条件表达式应该怎么写？注意观察int求整函数的应用。

在姜老师的启发下，同学们逐渐写出了判断n是否为完全平方数的判断条件。

问题：

(1)片段一中姜老师主要采用了什么教学方法？（3分）结合片段一中姜老师的做法，分析姜老师应该如何总结枚举算法解决问题的基本思路。（7分）

(2)请分析片段二中姜老师设计这道单项选择题的意图。（10分）

20. 案例：

［接第19题案例情境］姜老师以“枚举算法找回密码”讲授了枚举算法解决问题后，给同学们布置了一个课后作业：方芳的手机上有一个学习APP，登录密码是一个5位数。过了一个假期，方芳再次使用时，却忘记了这个密码。不过方芳很喜欢数字81和91，常常将81和91的倍数用作密码，方芳还记得这个密码的中间一位（百位数）是1。你能设计一个程序帮她找回这个密码吗？请有能力的同学尝试多种方法，编程解决问题。

第二周上课前，姜老师批阅学生作业时，看到有些同学给出了两种程序，第一个程序是把这5位数字依次从0到9去试一遍，然后再筛选出合格的结果。第二个是先计算求出81和91的最小公倍数，然后再去尝试，筛选出合格的那个条件。姜老师心想：“明天枚举算法第二课时‘枚举算法的方案选择’有素材了。”

问题：

(1)请分析姜老师设计的课后作业对学生的学习有哪些帮助。（10分）

(2)对比学生提交的两个程序，请分析姜老师为什么将两个程序作为“枚举算法的方案选择”的教学素材。（10分）

四、教学设计题（本大题1小题，共35分）

21. 请阅读下列材料：

《初识IP地址》是高中信息技术教材中的一课。通过本节课的学习，学生能够了解IP地址的概念、格式及分类，能够根据IP地址判断网络类型和对应最大主机数，知道IP地址的管理方法。

教学准备：李老师已为本课创建“初识IP地址”微信公众号，主要包括“掌上学习”“课堂测试”“拓展资料”三个子菜单。“掌上学习”功能包括：①IP地址的概念（文字材料）；②IP地址的格式（微视频）；③IP地址的分类（图文解析）；④IP地址的管理（视频）。

图15　“课堂测试”子菜单

图16　“掌上学习”子菜单

教学对象：高中二年级学生

学习方法：自主探究学习

学习环境：网络学习环境

根据上述材料，完成下列任务：

(1)根据图15，请帮助李老师为“课堂测试”中的三类题型各编一道测试题，要求每道测试题针对不同的知识点。（15分）

(2)根据图16给出的4个学习资源，为学生设计课前自主学习任务。（20分）

机密★启封前　　　　　　　　　　　　　姓名＿＿＿＿＿＿＿　准考证号＿＿＿＿＿＿＿＿＿

2019年下半年中小学教师资格考试真题试卷(精编)

《信息技术学科知识与教学能力》(高级中学)

(本套试卷共21小题,目前已收录19小题)

注意事项:

1. 考试时间为120分钟,满分为150分。
2. 请按规定在答题卡上填涂、作答。在试卷上作答无效,不予评分。

一、单项选择题(本大题共13小题,每小题3分,共39分)

在每小题列出的四个备选项中只有一个是符合题目要求的,请用2B铅笔把答题卡上对应题目的答案字母按要求涂黑。错选、多选或未选均无分。

1. 依据《中华人民共和国网络安全法》,按照网络安全等级保护制度的要求,关于网络运营者履行的安全保护义务,下列描述错误的是(　　)

A. 网络运营者应当采取数据分类、重要数据备份和加密等措施

B. 网络运营者应当制定内部安全管理制度和操作规程,确定网络安全负责人,落实网络安全保护责任

C. 网络运营者应当采取防范计算机病毒和网络攻击、网络侵入等危害网络安全行为的技术措施

D. 网络运营者应当采取监测、记录网络运行状态、网络安全事件的技术措施,并按照规定留存相关的网络日志不少于三个月

2. 在如图1所示的图文混排Word文档中,文字环绕使用了(　　)

大熊猫属于哺乳类、食肉目、熊科,大熊猫亚科和大熊猫属唯一哺乳类,体色为黑白两色,它有着圆形脸颊,两个大黑眼圈,壮硕的身体,标志性的内八字行走方式,也有如解剖刀般锋利的爪子。

大熊猫已在地球上生存了至少800万年,被誉为“活化石”和“中国国宝”,是世界自然基金会的形象大使,也是世界生物多样性保护的旗舰物种,根据调查结果,野生大熊猫仅有1864只,其中80%以上分布于四川境内,属于中国国家一级保护动物。截至2015年底,全世界圈养单位共圈养大熊猫425只。大熊猫最初是吃肉的,经过进化,99%的食物都是竹子了,但牙齿和消化道还保持原样,故仍然划分为食肉目,发怒时危险性堪比其他熊种。野外大熊猫的寿命为18-20岁,圈养状态下可以超过30岁。

图1

A. 嵌入型　　B. 上下型环绕　　C. 衬于文字下方　　D. 编辑环绕顶点

3. 通过某网络平台查询到的内存条信息如图2所示,下列说法正确的是(　　)

最热门　价格↓　最新

某品牌内存条1　8GB　DDR4　2400　　本月60370人已选用
内存容量:8GB　　容量描述:单条(8GB)
内存类型:DDR4　　内存主频:2400MHz
工作电压:1.2V　　更多参数>> 35人点评　8篇评测
加入对比栏　44商家:¥227(最低价)　商城1:¥799　商城2:¥749

某品牌内存条2　8GB　DDR4　2400　　本月26286人已选用
内存容量:8GB　　容量描述:单条(8GB)
内存类型:DDR4　　内存主频:2400MHz
工作电压:1.2V　　更多参数>> 19人点评　20篇评测
加入对比栏　3商家:¥449(最低价)　商城1:¥799

图2

A. 该查询结果是按照价格降序排列　　B. 两款内存条的内存类型均为DDR4

C. 两款内存条的单条容量均标识为8G　　D. 两款内存条的内存主频都是2400kHz

4. 某款手机采用红外摄像头、环境感应器、光感传感器等设备集成的方式,可以支持Face ID(如图3),即用户面部解锁功能,该功能采用的主要技术属于(　　)

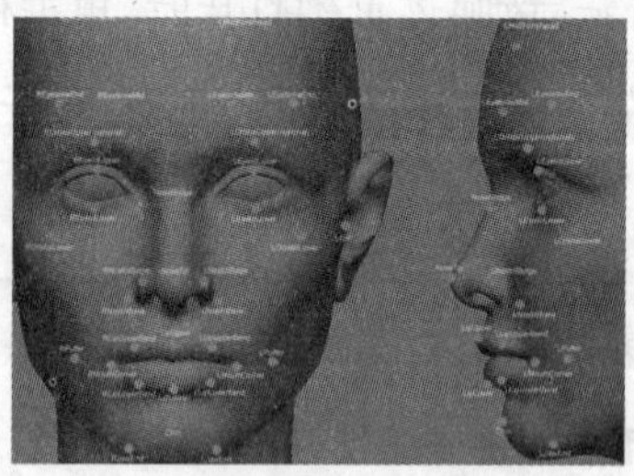

图3

A. 多媒体技术　　B. 模式识别技术

C. 虚拟现实技术　　D. 机器翻译技术

5. 下列选项中属于并行接口插头的是(　　)(易混)

A　　B　　C　　D

6. 在 Flash 中绘制类似“雨”的形状，一般首先使用“椭圆工具”绘制出一个圆形(如图 4 中 a 图)，然后使用“选择工具”将圆形依次调整为图 4 中的 b 图和 c 图。从 b 图到 c 图的调整过程中，需要配合“选择工具”一起使用的键是(　　)

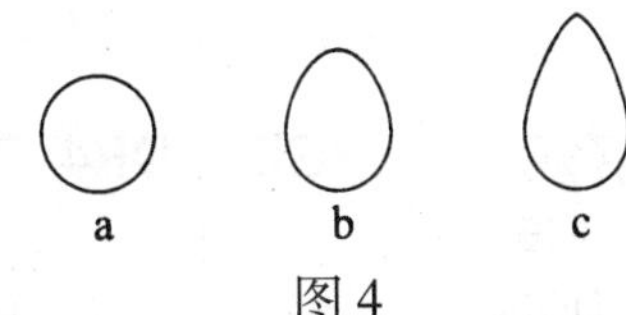

图 4

A. Alt 键　　　B. Ctrl 键

C. Shift 键　　　D. Space 键

7. 某专业每位导师指导三名硕士研究生，不同导师所带同一性别的研究生可以住在同一个宿舍，数据模型如图 5 所示，该数据模型属于(　　)(易错)

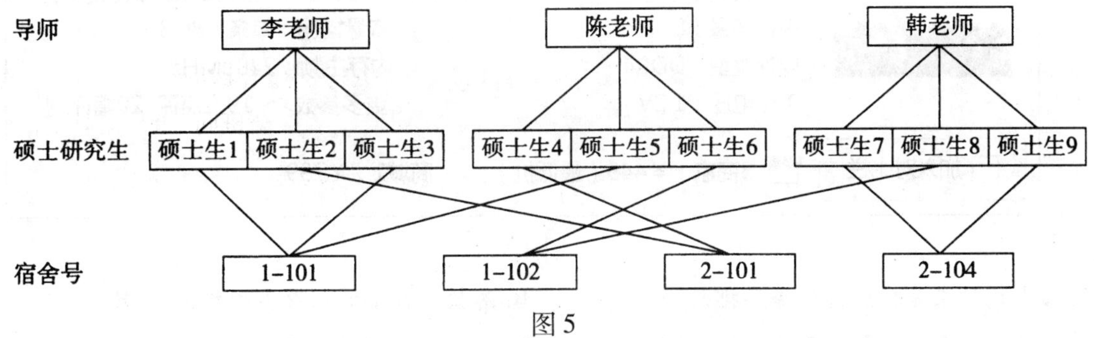

图 5

A. 网状模型　　　B. 层次模型

C. 关系模型　　　D. 面向对象模型

8. 某页 PowerPoint 幻灯片如图 6 所示，放映该页幻灯片时，单击任意题目的“答案”，其计算结果会出现在对应的括号中，单击“重新做”按钮，计算结果全部消失，若通过“动画窗格”实现上述功能，则需要使用(　　)

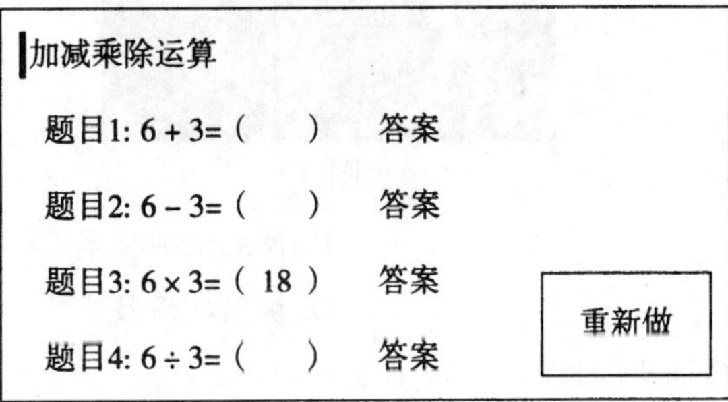

图 6

A. 触发器　　　B. 路径动画

C. 强调动画　　　D. 隐藏高级日程表

9. 某算法的流程图如图 7 所示，当输入 m，n 的值分别为 5，8 时，该算法输出结果为 3。如果将判断框

中的“m < n”改为“m > n”，那么该算法的输出结果是(　　)(常考)

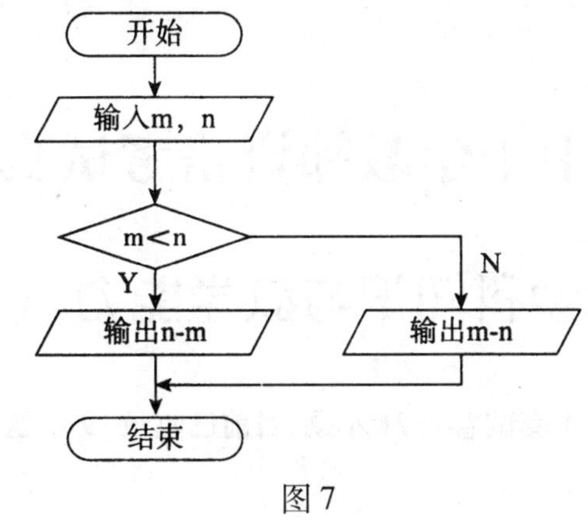

图 7

A. −8　　　B. −5　　　C. −3　　　D. 3

10. 在计算机网络中，常用的数字信号编码技术主要有不归零编码、曼彻斯特编码、差分曼彻斯特编码、mB/nB 编码等。图 8 采用曼彻斯特编码的结果，其中①和②处的编码分别表示(　　)

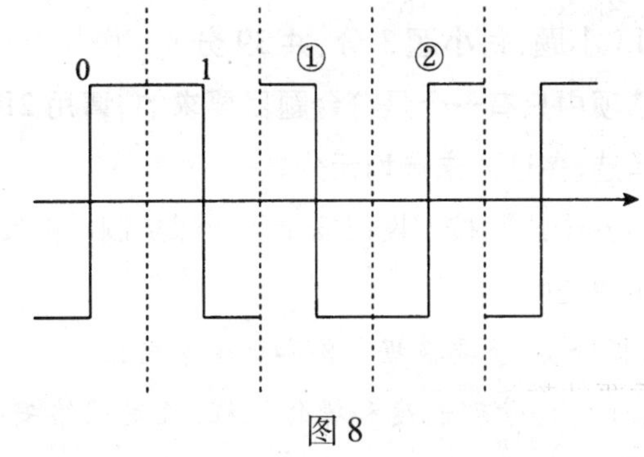

图 8

A. 0，0　　　B. 0，1　　　C. 1，0　　　D. 1，1

11. 某 Excel 统计表截图如图 9 所示，已知 C1 单元格中的内容为公式“ = A1 +$B$2”，将此公式复制到 C5 单元格，则 C5 的值为(　　)(易错)

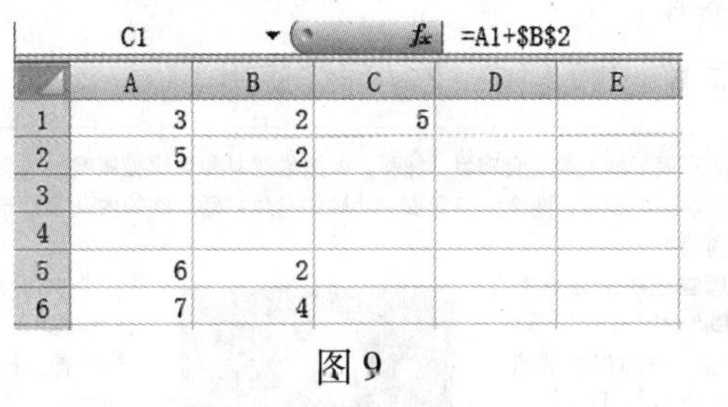

C1　=A1+$B$2

	A	B	C	D	E
1	3	2	5		
2	5	2			
3					
4					
5	6	2			
6	7	4			

图 9

A. 5　　　B. 7　　　C. 8　　　D. 10

12. 字符“A”比“a”的 ASCII 码值小 32(十进制)，已知字符“A”的二进制为 01000001，则字符“h”的 ASCII 码值用二进制表示为(　　)

A. 00111000　　　B. 01010100

C. 01101000　　　D. 01111000

13. 使用 Photoshop 软件将图 10 中的图 a 处理成图 b 的效果所采用的滤镜是(　　)

图 10

A. 纹理 > 纹理化　　B. 模糊 > 高斯模糊

C. 渲染 > 镜头光晕　　D. 风格化 > 浮雕效果

二、简答题(本大题共 3 小题,每小题 10 分,共 30 分)

14. 晓东打算将小时候随父母游览北京的旅程制作成一段小视频,他精心挑选了二十几张纸质的老照片和一段背景音乐,还打算自己录制解说词。请简要回答:

(1)晓东可以采用何种方式将老照片导入到计算机中?(3 分)

(2)所导入的照片可以转换成哪些格式的图像?(至少写出三种格式)(3 分)

(3)晓东可以使用哪些计算机软件录制解说词?(4 分)

15.《孙子算经》是中国古代重要的教学著作,该著作卷下第 26 题:"今有物不知其数,三三数之剩二,五五数之剩三,七七数之剩二,问物几何?"《孙子算经》不但提供了答案,而且给出了解法。请编程求该题最小正整数解。(10 分)

16. 计算机支持的协作学习(CSCL)是信息时代的重要学习方式之一,请简单回答该学习方式的特点。(10 分)

三、案例分析题(本大题共 2 小题,每小题 20 分,共 40 分)

17. 案例:

方老师在讲解《信息编码》一课时,首先给同学们播放了电影《风声》的片段,影片女主角将她要传递出去的情报用针线缝在了旗袍上,影片播放完以后,方老师向同学们解释:女主角缝在旗袍上的是莫尔斯码,莫尔斯码是一种编码方式,在计算机中,为了方便存储、检索和使用信息,我们也会对信息进行编码。

然后,方老师开始布置学习任务:"老师模拟电影片段,在布条上缝制了一段计算机二进制码(如图 11 所示),请同学们首先观看微课视频《二进制码》和《二进制与十进制转换》,然后破译出老师缝制在布条上的是哪几个十进制数。注意:布条上的白色线条代表二进制'0',黑色线条代表二进制'1',四位二进制码标识一个十进制数。"

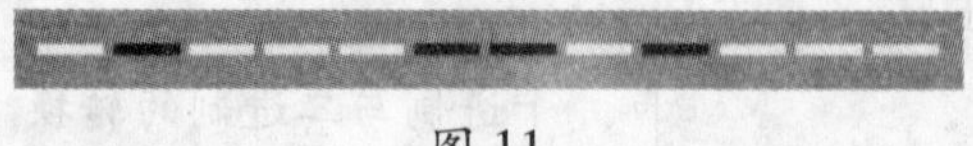

图 11

同学们拿到这块布以后,开始争论不休,他们中间出现了两种结果。方老师听了他们的争辩后,向全班同学提问:"如果我们能够有一个唯一标识二维码读取方向的标记,我们是不是就会得到一种结果了呢?"

问题:

(1)请结合《信息编码》这节课的教学内容,说明方老师选用电影《风声》片段的适切性。(10 分)

(2)请说出同学中间出现的两种结果分别是什么(4 分),结合方老师给全班同学的提问,说明该学习任务的合理性。(6 分)

18. 案例:

下面是于老师在讲授《认识 IP 地址》一课时的教学片段。

片段 1　上课铃声响过,于老师让同学们打开《认识 IP 地址》导学案,首先完成"第一部分:温故知新"(如表 1)。

表 1

<table>
<tr><td colspan="3">学习过程</td></tr>
<tr><td colspan="3">一、温故知新</td></tr>
<tr><td rowspan="2">请将下列步骤填写完整:"双机互连"的基本步骤是:1. 安装________;2. 制作________,连接________;3. 进行网络设置;4. 测试并完成数据传输与共享</td><td>任务提示</td><td>我的疑问</td></tr>
<tr><td>回顾上节课所学的"双机互连"步骤</td><td></td></tr>
</table>

师:要实现双机互连,仅仅将两台计算机进行物理连接是不够的,我们还需要知道两台计算机在网络中的位置并对其进行必要的配置,网络中的主机都有一个唯一确定其位置的标识,这就是我们今天要学习的 IP 地址。

片段 2　在讲解完 IP 地址的格式后,于老师让同学们再次打开导学案,完成第三部分的内容

（如表2）。

表2

三、学习成果检验		
学习检测题	任务展示	我的疑问
1. 计算题 我校某计算机的 IP 地址如下： 210.47.208.10 请将其转换成 32 位 IP 地址格式， 转换后，IP 地址是________	十进制与二进制的转换	
2. 选择题 下列 IP 地址书写正确的是（　　） A. 192 168.88.13 B. 192.165.20.268 C. 192.156.42.35	IP 地址分类及书写规则	

问题：

(1)片段中导学案的“温故知新”部分体现了评价的什么功能？(3 分)它对后续的教学有什么作用？(7 分)

(2)请说明表 2 所示导学案的组成部分及每部分的作用。(10 分)

四、教学设计题(本大题 1 小题，共 35 分)

19. 请阅读下列材料。

《信息安全》是高中信息技术教材中的一课，通过本课学习，学生能够知道加密和解密的基本原理及其在生活中的应用；知道穷举法破解密码的原理；了解密码安全设置及使用的注意事项；提高信息安全意识。

教学对象：高中一年级学生，学生大多有使用密码的生活经验，但不了解密码的基本原理，多数学生设置的密码过于简单，且习惯“一个密码到处用”。

教学准备：

材料①：猪圈密码，亦称朱高密码或共济会密码，是一种以格式为基础的简单替代式密码，图 12 是猪圈密码密钥及示例。

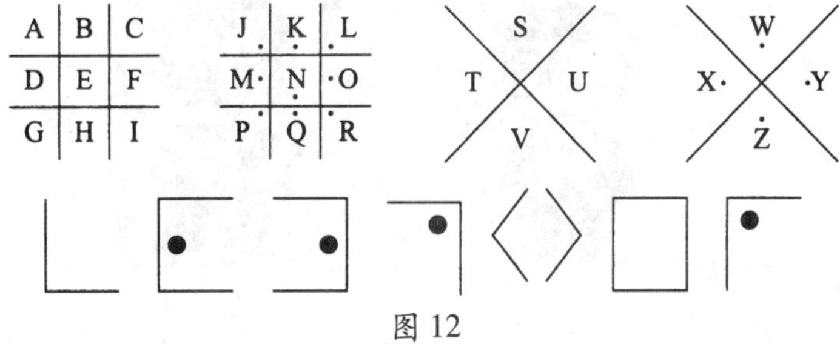

图 12

材料②：《穷举法破译密码》微课视频。

材料③：密码强度测试网站，界面截图如图 13 所示。

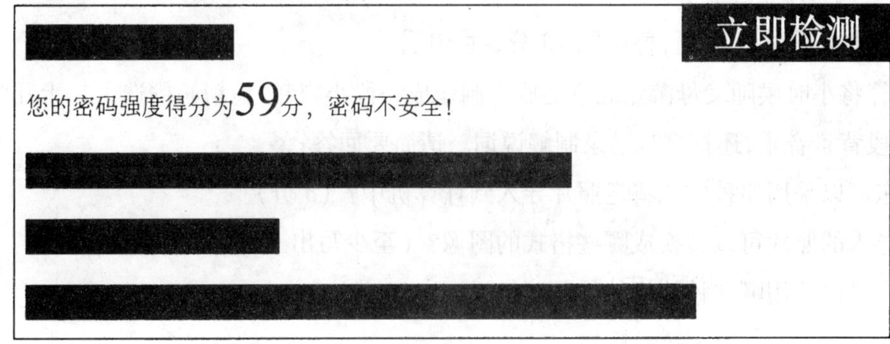

图 13

教学环境：多媒体网络教室

教学用时：1 课时(45 分钟)

依据上述材料，完成下列任务：

(1)请利用教学材料①创设情境，导入本课教学内容。(15 分)

(2)请利用教学材料②和③设计教学活动，促进学生对穷举法破解密码原理的理解和应用。(20 分)

2019 年上半年中小学教师资格考试真题试卷(精编)

《信息技术学科知识与教学能力》(高级中学)

(本套试卷共 21 小题,目前已收录 19 小题)

注意事项:

1. 考试时间为 120 分钟,满分为 150 分。
2. 请按规定在答题卡上填涂、作答。在试卷上作答无效,不予评分。

一、单项选择题(本大题共 15 小题,每小题 3 分,共 45 分)

在每小题列出的四个备选项中只有一个是符合题目要求的,请用 2B 铅笔把答题卡上对应题目的答案字母按要求涂黑。错选、多选或未选均无分。

1. CCD(电荷耦合器件)广泛应用在数码相机、扫描仪和数码摄像机中,是用来感光成像的部件,光线经过 CCD,可以完成(　　)(易混)

A. A/D 转换　　　　B. D/A 转换

C. 电光转换　　　　D. 光电转换

2. 对某 Word 文档的修订如图 1 所示,则修订处的原文应为(　　)

农谚道:“旱种三分收,晚种三分丢。”每年初夏“抢收、抢种、抢打”三抢是农村最忙时节。收割的麦捆,车拉,人挑,运到麦场,顾不得打,而是沿着打麦场三边码成小山或高长条形的麦垛,这也就成了小鸟们喜爱的天堂。码麦垛还是有讲究的,麦穗使上,麦秸斜下,麦垛风吹不倒,还要沥雨水,不使麦穗霉烂。等抢种完秋作物后,才开始打麦。打麦时,社员们,从麦垛上把麦捆扒下来,解开麦腰,摊开在麦场。掌鞭的手牵着缰绳,一手把皮鞭甩得叭叭作响,膘满肉肥的黄牛,拉着石磙,在打麦场上欢快地奔跑碾压。

删除的内容:的

删除的内容:和

图 1

A. 成了小鸟们的喜爱的天堂　　　　B. 成了小鸟们的喜爱和天堂

C. 这也就成了小鸟们喜爱和天堂　　　　D. 这也就成了小鸟们喜爱的天堂

3. 网络钓鱼是指不法分子通过批量发送欺骗性信息,引诱收信人主动提供其敏感信息(如用户名、口令、账号 ID 或信用卡详细信息等),并利用这些信息进行非法交易的行为,如图 2 所示。对此行为,在国家加大打击力度的同时,用户也要及时为计算机(　　)

“谨防钓鱼网站欺诈”

图 2

A. 安装杀毒软件和防火墙,并定期升级

B. 安装语音软件和加密狗,并定期升级

C. 增加密码长度,并开通短信口令功能

D. 增加网络带宽,并设置复杂的验证码

4. 如图 3 所示的 PowerPoint 动画效果为椭圆先向右运动,然后矩形在椭圆运动结束后立即向左运动,则矩形对象的动画效果“计时”参数设置正确的界面是(　　)(易错)

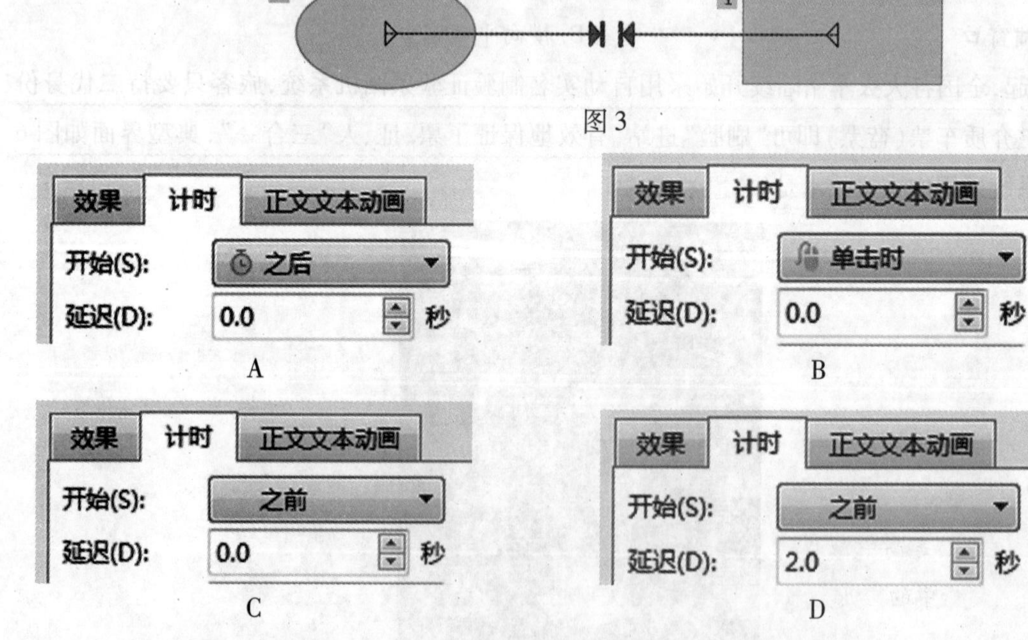

5. 某音频软件打开一个文件后的状态栏界面如图 4 所示,下列说法错误的是(　　)(常考)

立体声	2:30.000	45.000 到 1:45.000 (1:00.000)
未修改	122:826875	MPEG 音频 Layer-3, 44100 Hz, 128kbps, 立体声

图 4

A. 此文件采用有损压缩

B. 此文件是一个 MP3 文件

C. 此文件量化位数是 122 位

D. 此文件的采样频率是 44100Hz

6. 某用户桌面如图 5 所示，下列关于窗口排列方式的说法正确的是(　　)

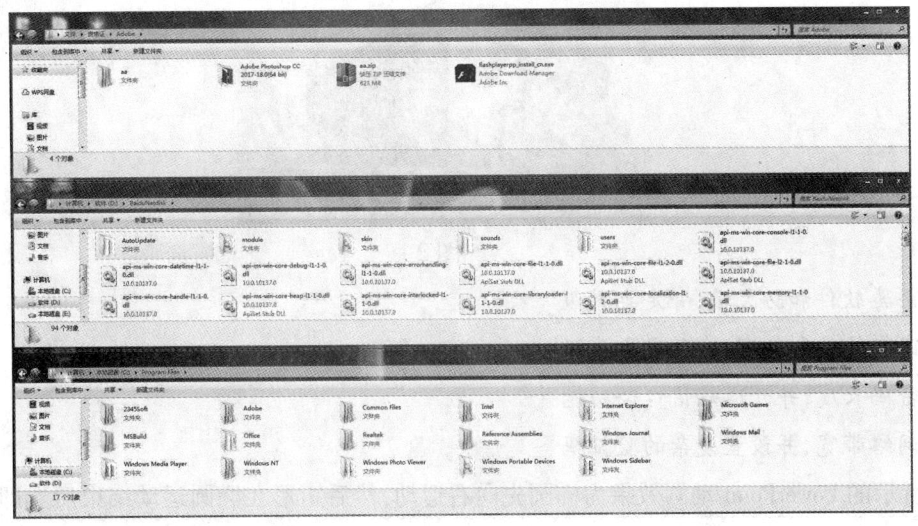

图 5

A. 水平平铺窗口　　　　B. 自动排列窗口

C. 纵向平铺窗口　　　　D. 横向平铺窗口

7. 自 2017 年起，全国各大火车站陆续开始采用自动实名制验证验票闸机系统，旅客只要持二代身份证和蓝色磁介质车票(蓝票)即可“刷脸”进站，有效地保证了票、证、人“三合一”，典型界面如图 6 所示。该系统采用的主要技术是(　　)(常考)

图 6

A. 物联网技术

B. 多媒体技术

C. 人脸识别技术

D. 数据挖掘技术

8. 某单位的计算机网络结构和部分相关信息如图 7 所示。据此判断，下列 IP 地址中适合 pc4 的是(　　)

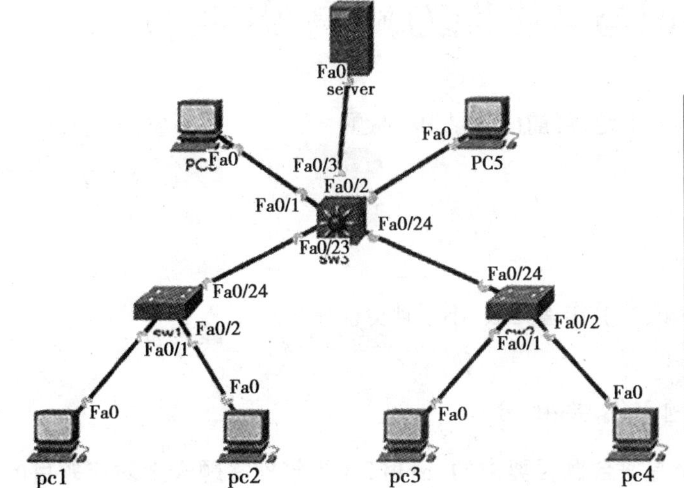

信息表

设备	所属 Vlan	配置的 IP 地址
pc1	2	192.168.2.1
pc2	2	192.168.2.2
pc3	3	192.168.3.2
pc4	3	
…	…	…

图 7

A. 192.168.2.3　　　　B. 192.168.2.255

C. 192.168.3.3　　　　D. 192.168.3.255

9. 用 Excel 计算期末考试成绩的文件截图如图 8 所示，将 D2 单元格公式移动至 D4 单元格，则 D4 单元格的公式为(　　)(易错)

D2　　fx　=SUM($B2:C$2)

	A	B	C	D	E
1	姓名	语文	数学	总分	
2	李某某	98	100	198	
3	何某某	92	89		
4	周某某	95	94		

图 8

A. =SUM($B2: C$2)

B. =SUM($B4: C$2)

C. =SUM($B4: C$4)

D. SUM($B2: C$2)

10. 二进制运算规则为 1+1=10，1*1=1，那么二进制算式 11*11 等于(　　)(常考)

A. 121　　　　B. 1001

C. 1011　　　　D. 1111

11. 如图 9 所示流程图实现的函数是(　　)(常考)

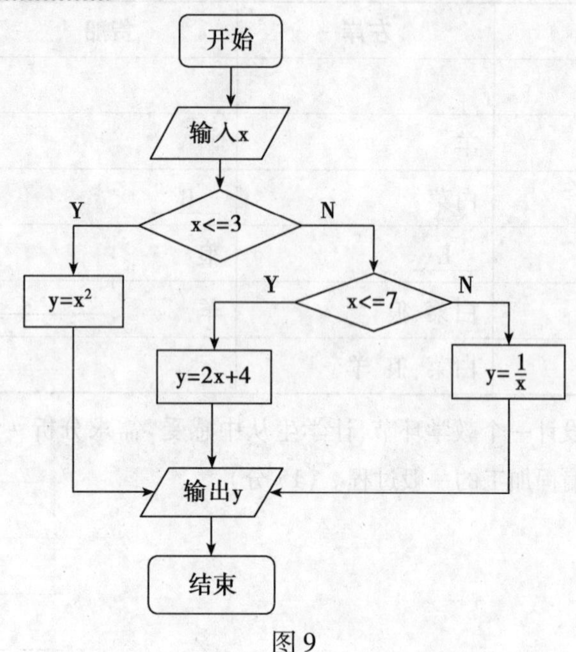

图 9

A. $y=\begin{cases}x^2, x\leqslant 3\\ 2x+4, 3<x\leqslant 7\\ \dfrac{1}{x}, x>7\end{cases}$　　B. $y=\begin{cases}\dfrac{1}{x}, x\leqslant 3\\ 2x+4, 3<x\leqslant 7\\ x^2, x>7\end{cases}$

C. $y=\begin{cases}x^2, x\leqslant 3\\ 2x+4, 3\leqslant x\leqslant 7\\ \dfrac{1}{x}, x>7\end{cases}$　　D. $y=\begin{cases}x^2, x\leqslant 3\\ 2x+4, 3\leqslant x<7\\ \dfrac{1}{x}, x>7\end{cases}$

12. 在用 Photoshop 制作如图 10 所示的效果时,当需要对文字图层中的部分文字进行修改时发现操作不能完成,其原因是(　　)(常考)

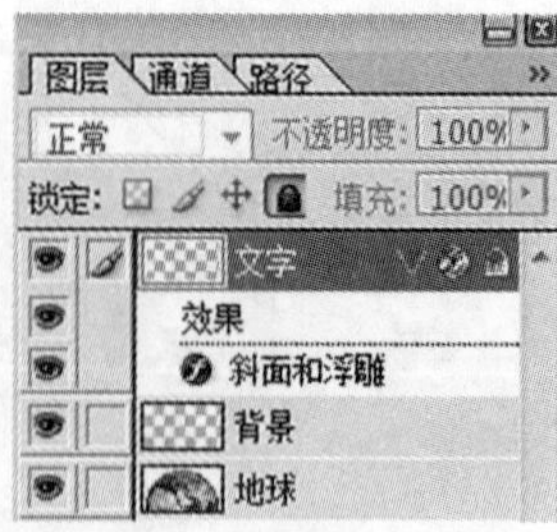

图 10

A. 文字图层被锁定　　B. 文字图层被隐藏

C. 文字图层加了效果功能　　D. 文字图层不是当前操作图层

13. 根据关系模型 Stu(学号,姓名,性别,出生年月),统计学生平均年龄应使用的 SQL 语句是(　　)

A. SELECT AVG(YEAR(DATE()))AS 平均年龄 FROM Stu

B. SELECT AVG(YEAR(出生年月))AS 平均年龄 FROM Stu

C. SELECT AVG(YEAR(DATE()) + YEAR(出生年月))AS 平均年龄 FROM Stu

D. SELECT AVG(YEAR(DATE()) - YEAR(出生年月))AS 平均年龄 FROM Stu

14. 某网页制作的界面如图 11 所示,下列说法正确的是(　　)

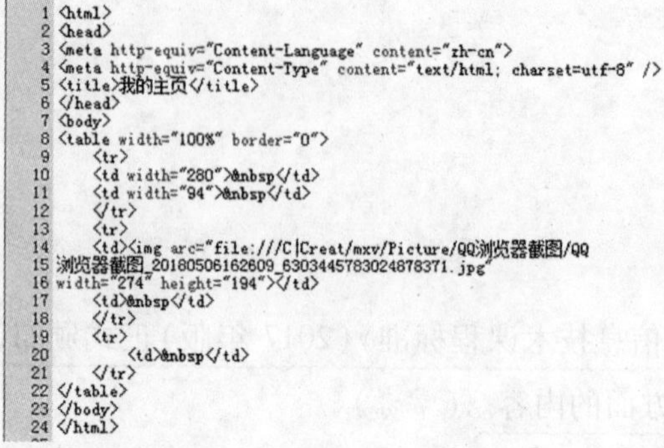

```
<html>
<head>
<meta http-equiv="Content-Language" content="zh-cn">
<meta http-equiv="Content-Type" content="text/html; charset=utf-8" />
<title>我的主页</title>
</head>
<body>
<table width="100%" border="0">
    <tr>
    <td width="280"> </td>
    <td width="94"> </td>
    </tr>
    <tr>
    <td><img arc="file:///C|Creat/mxv/Picture/QQ浏览器截图/QQ
浏览器截图_20180506162609_6303445783024878371.jpg"
width="274" height="194"></td>
    <td> </td>
    </tr>
    <tr>
        <td> </td>
    </tr>
</table>
</body>
</html>
```

图 11

A. 该网页的标题是 QQ 浏览器截图

B. 该网页中插入的图片的宽度是 280px

C. 该网页中插入的表格的宽度是 280px

D. 该网页中插入了一个 3 行 2 列的表格

15. 使用 Flash 编辑某作品的界面如图 12 所示,在第 30 帧能直接添加动作命令的图层是(　　)(易错)

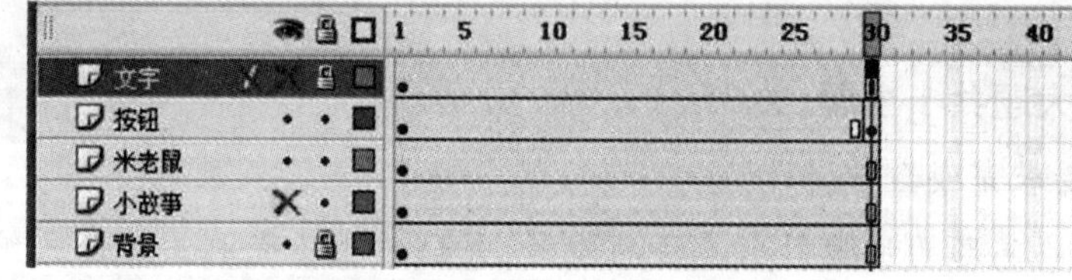

图 12

A. 文字　　B. 按钮　　C. 背景　　D. 小故事

二、简答题(本大题共 3 小题,每小题 10 分,共 30 分)

16. 请简要回答何为 DHCP,以及 DHCP 服务器为客户机分配地址的形式。

17. 请简要回答常用的计算机文件保密的含义及其措施有哪些。(常考)

18. 2018年1月,《普通高中信息技术课程标准》(2017年版)正式颁布,请简要回答高中信息技术学科核心素养包含哪几个方面的内容。(常考)

三、教学设计题(本大题共1小题,共35分)

19. 阅读材料,根据要求完成教学设计。

从生活中解决问题的步骤引出算法的概念,并让学生感受利用计算机编程解决问题的一般过程。

教学对象:高一学生

教学重点:体验人与计算机解决问题的区别

教学难点:理解算法的概念和作用

教学材料:

①"国际象棋和麦子"

②"农夫过桥"小游戏程序

③"麦子计算"VB程序

④"交换变量值"程序代码半成品

要求:

(1)利用教学材料①和③设计一个师生互动环节,引导学生体验计算机编程解决问题的过程。(10分)

(2)请补充下表所示的表格式板书的内容,详解教学材料②的算法流程。(10分)

步骤	左岸	货船	右岸
0:开始			狼、羊、白菜
1:运羊到左岸	羊		狼、白菜
2:__A__	白菜	__B__	__C__
3:__D__	__E__	狼	羊
4:运羊到左岸	白菜、狼	羊	
5:结束	白菜、狼、羊		

(3)利用教学材料④设计一个教学环节,让学生从中感受"需求分析-设计算法-编程实现-调试运行"这一计算机编程加工的一般过程。(15分)

机密★启封前　　　　姓名＿＿＿＿＿　准考证号＿＿＿＿＿

2018年下半年中小学教师资格考试真题试卷(精编)

《信息技术学科知识与教学能力》(高级中学)

(本套试卷共21小题,目前已收录13小题)

注意事项:

1. 考试时间为120分钟,满分为150分。
2. 请按规定在答题卡上填涂、作答。在试卷上作答无效,不予评分。

一、单项选择题(本大题共7小题,每小题3分,共21分)

在每小题列出的四个备选项中只有一个是符合题目要求的,请用2B铅笔把答题卡上对应题目的答案字母按要求涂黑。错选、多选或未选均无分。

1. "普京""反贪局"等网名不能再使用。2015年2月4日,国家互联网信息办公室发布《互联网用户账号名称管理规定》,该规定自3月1日施行,微博、微信、QQ、论坛等账号名称被画上"底线"。该规定产生的目的是(　　)

A. 便于管理网络账号　　B. 促进网络应用规范

C. 便于维护网络账号　　D. 促进网络应用自由

2. 观众可以使用手机浏览故宫。在"召见大臣"互动项目里,观众可以通过选择手机屏幕上的红头、绿头签子选择要召见的大臣并开始问话。这使用的是(　　)(常考)

A. 互联网技术　　B. 物联网技术

C. 人工智能技术　　D. 数据挖掘技术

3. 网络安全事关国家安全,计算机网络上的通信面临的安全威胁包括(　　)(易混)

A. 截获、中断、复制、修改

B. 截获、中断、篡改、伪造

C. 窃取、复制、篡改、伪造

D. 窃取、中断、复制、修改

4. 某图片的分辨率为800×600像素,在某种显示器上充满整个屏幕。若换成分辨率为1600×1200像素的显示器,该图片所占屏幕的比例大小为(　　)

A. 1/2　　B. 1/4　　C. 1/8　　D. 1/16

5. 使用GoldWave软件对一段音频进行编辑处理时,会改变其存储容量的操作是(　　)(常考)

A. 增大音量　　B. 设置"淡入效果"

C. 裁剪部分声音信息　　D. 设置声音的播放速率

6. 一个八位二进制数的补码为01011011,该八位二进制数对应的十进制数是(　　)(常考)

A. －197　　B. －69　　C. 36　　D. 91

7. 已知某主机的地址是132.12.87.23,子网掩码是255.255.192.0,则该主机的网络地址是(　　)(易错)

A. 132.12.64.0　　B. 255.255.0.0

C. 132.12.87.0　　D. 255.255.64.0

二、简答题(本大题共3小题,每小题10分,共30分)

8. 国际电报电话咨询委员会(CCITT)将媒体分为哪几类?

9. 预防计算机犯罪工作应从哪几方面入手?(常考)

10. 教师在信息技术课程中应如何培养学生对信息技术发展的适应能力?(易错)

三、案例分析题(本大题共2小题,每小题20分,共40分)

11. 案例:

在讲授"信息技术对人类社会的影响"一课时,蒋老师准备将全班同学分成"教育文化"组、"科学技术"组、"医药卫生"组、"广播电视"组、"电子政务"组等几个小组,要求各小组通过网络查找社会事业信息化的具体内容(每组至少举三个信息技术应用的实例),时间约为10分钟。蒋老师还提供了部分相关网站来帮助学生进行查找。

说明要求之后,蒋老师便让同学根据自己的兴趣爱好自由组合。分组后,蒋老师发现有的小

组人多,有的小组人少,甚至有的小组只有两位同学。在活动过程中,蒋老师还发现人多的小组有些成员"无所事事",有些成员"沉默寡言",根本没有参与到学习任务中。课后,蒋老师对自己的分组方式进行了反思。

问题:

(1)蒋老师采用小组学习的教学方式有什么好处?(10分)

(2)你对蒋老师的分组方式有什么改善建议?(10分)

12. 案例:

孙老师在教学"应用智能工具处理信息"时,通过以下几个案例导入,引导学生分析案例中所提及问题的解决手段,应用了何种智能工具。

案例1:王主任走进办公室给秘书小李布置了任务:把这本教材第二章和第三章内容打印出来,作为公司职工的培训材料。虽然只有两章内容,但文字量足足有30多页,怎么办?小李并没有着急,他利用扫描仪与汉字识别软件很快完成了任务。

案例2:一位不懂汉语的外国游客来中国旅游,在商店买东西时利用手机中安装的语音翻译APP与售货员对话,顺利购物。

案例3:我们利用在线汉英翻译服务时,输入汉字内容"你好,我在这里挺好的,现在正在学习一些智能信息处理工具",可以得到英文翻译结果。

然后,孙老师让学生独立操作案例中提到的类似工具。

……

最后,孙老师给学生留了这样的作业:请搜集智能信息处理工具在现实生活中的应用案例,并就应用案例写一篇关于"智能信息处理工具"的学习体会,上传至学习平台中的电子学习档案袋,

同时给出下表作为评分标准。

水平	要求	技能
优秀	能说出一般信息处理工具和智能信息处理工具的区别	图文并茂,排版合理美观,有文本朗读,有相关实例的拓展资源链接
良好	能描述出相关实例中智能信息处理工具的简单原理	图文并茂,排版合理美观,有文本朗读
中等	能说出两个及以上的智能信息处理工具在现实生活中的应用实例	图文并茂,排版合理美观
差	不能说出两个及以上的智能信息处理工具在现实生活中的应用实例	不能做到图文并茂,排版合理美观

问题:

(1)学生的作业属于什么评价方法?(4 分)这种评价方法有什么特点?(6 分)

(2)评价表格对学生完成作业起到什么作用?(4 分)请分别说明"要求"栏目中"优秀""良好""中等"等标准的描述体现了什么样的学习目标。(6 分)

四、教学设计题(本大题共 1 小题,共 35 分)

13. 阅读材料,根据要求完成教学设计。

理解算法的概念是理解计算机解决问题的过程与方法的重要基础之一。关于计算机算法的概念,一般表述为"用计算机编程解决问题,首先应确定解决问题的思路和方法,并写出正确的求解步骤,这就是所谓的算法。简单地说,算法就是解决问题的方法和步骤"。

教学目标:

(1)通过本节课的学习,学生能够准确地描述出算法的概念。

(2)通过本节课的学习,学生能够举例说明算法的选择对提升问题解决效率的作用。

(3)通过本节课的学习,学生能够用自然语言和流程图表述变量交换的算法。

教学材料:教师以"液体交换"问题为例介绍算法的概念。液体交换的问题为"有两个杯子 A、B,分别盛放酒和醋,要求将两个杯中的液体互换,即 A 中放醋,B 中放酒"。

教学环境:多媒体教室

教学对象:高一年级学生

要求:

(1)试分析教师介绍算法时,运用"液体交换"问题作为示例的意图。(8 分)设计板书,呈现该问题的具体算法。(7 分)

(2)基于该示例,设计一个教学片段,帮助学生理解算法的概念。(20 分)

机密★启封前　　　　　　　　姓名________　准考证号________

2018年上半年中小学教师资格考试真题试卷

《信息技术学科知识与教学能力》(高级中学)

注意事项:

1. 考试时间为120分钟,满分为150分。
2. 请按规定在答题卡上填涂、作答。在试卷上作答无效,不予评分。

一、单项选择题(本大题共15小题,每小题3分,共45分)

在每小题列出的四个备选项中只有一个是符合题目要求的,请用2B铅笔把答题卡上对应题目的答案字母按要求涂黑。错选、多选或未选均无分。

1. 2016年春节前后,国家网信办持续重拳出击,针对少数网络名人无视社会责任,滥用自身影响力,在网上多次发布反对宪法所确定的基本原则、损害国家荣誉和利益以及造谣传谣的违法违规行为,将其网络账号予以关闭或暂停。对此,下列说法正确的是(　　)

A. 网络空间自由,不应关闭

B. 名人网络言行,可以特殊

C. 信息只在朋友圈中传播,完全属于个人隐私

D. 网络空间不是法外之地,不得传播违法信息

2. 下列选项中,实体集之间的联系是“一对一”的是(　　)(易错)

A. 班级和学生　　B. 顾客和商品

C. 学生和课程　　D. 居民和身份证

3. 2016年3月,在一场举世关注的人机对弈围棋比赛中,被称为AlphaGo(阿尔法围棋)的机器人最终击败了世界围棋高手。AlphaGo的主要工作原理是(　　)

A. 语音识别　　B. 虚拟现实

C. 深度学习　　D. 模拟仿真

4. 图1是计算机五大逻辑部件组成示意图。其中,③是运算器,④是(　　)(常考)

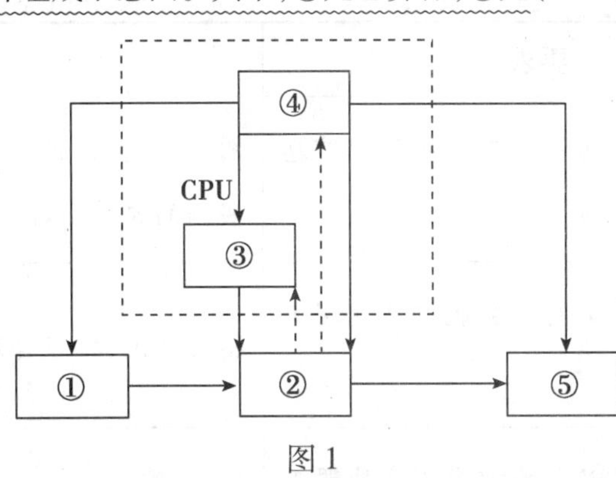

图1

A. 控制器　　B. 存储器　　C. 输入设备　　D. 输出设备

5. 有人利用伪基站冒充“10086”(中国移动客服)发送“积分换现金”短信并留下咨询电话,诱使受害人点击仿冒网站,填写姓名、银行卡号、手机号等个人信息,下载含木马病毒的客户端,盗取受害人银行卡内资金。此案例说明信息具有真伪性,对此类信息,鉴别其真伪性的做法正确的是(　　)

A. 点击短信链接进行查询

B. 回复短信进行信息查询

C. 拨打中国移动的客服电话进行咨询

D. 拨打短信留下的咨询电话进行确认

6. 某Word文档的打印设置如图2所示,在正常打印情况下需要消耗的纸张数是(　　)(易错)

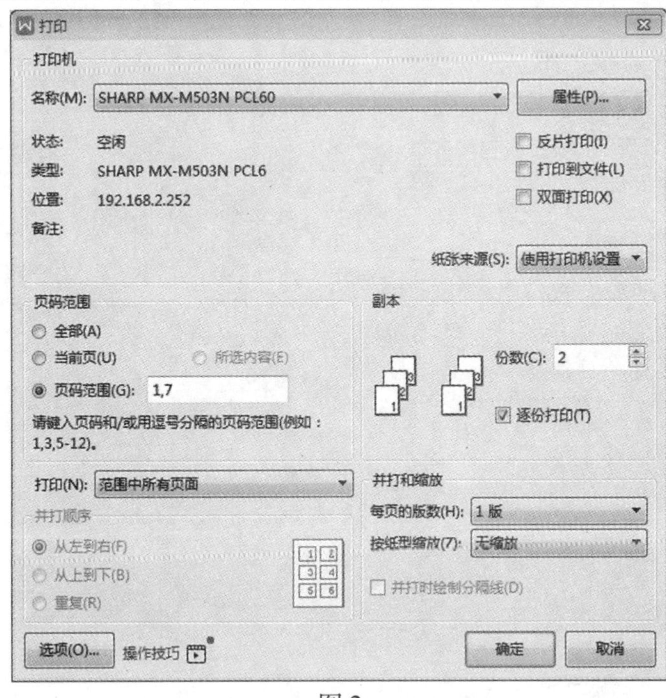

图2

A. 2　　B. 4　　C. 7　　D. 14

7. 图 3 所示的算法流程图在①处有缺失，若执行该算法流程图时 s 的输出值为 -5，则在①处填入的条件语句恰当的是(　　)(常考)

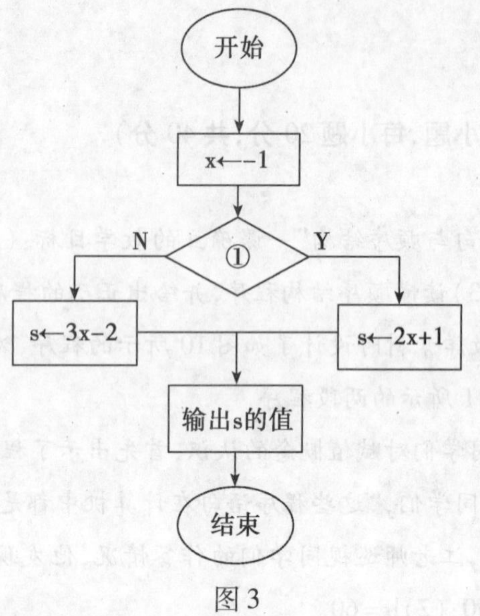

图 3

A. x>=0　　B. x<=1　　C. x>=-1　　D. x<=0

8. 在某 Excel 工作表中，D3 单元格输入的公式内容如图 4 所示。在 D3 单元格执行“复制”命令，在 D2 单元格执行“粘贴”命令，则 D2 单元格显示的内容为(　　)(易错)

SUM　=A1+B2

	A	B	C	D
1	3	1	3	
2	8	6	2	
3	5	9	7	=A1+B2
4				

图 4

A. 6　　B. 9　　C. #REF!　　D. = A0 + B1

9. 图 5 是某 PowerPoint 文件的幻灯片浏览视图，下列说法正确的是(　　)

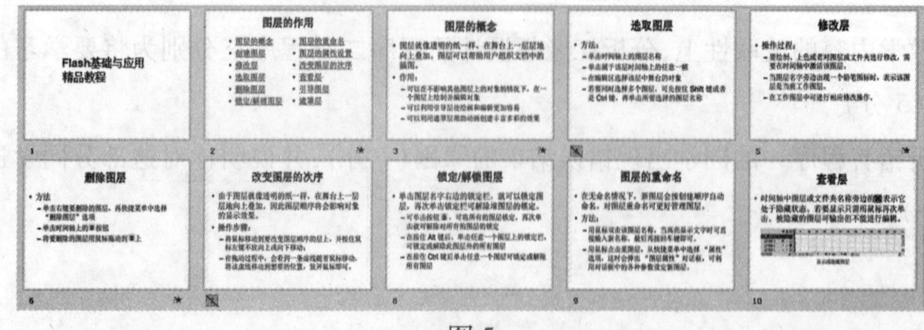

图 5

A. 幻灯片 4、7 已经被删除

B. 幻灯片 4、7 在正常放映时其内容不会出现

C. 幻灯片 2、3、5、6 均设置有幻灯片切换效果

D. 幻灯片 2、3、5、6 页面中的所有对象均设置有动画效果

10. 用 Dreamweaver 软件制作网页时的部分界面显示如图 6 所示，当前视图显示方式为(　　)

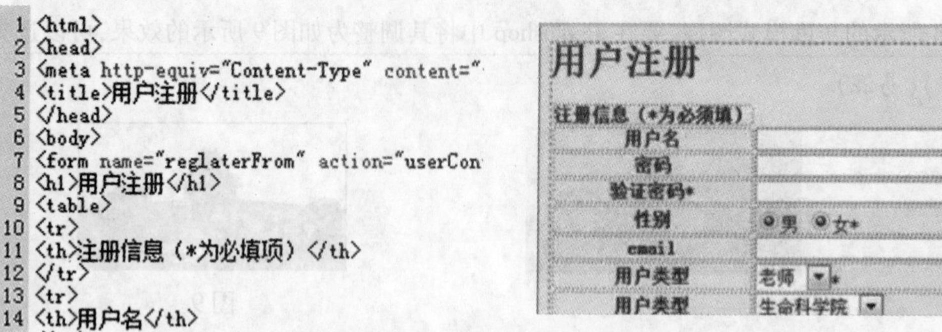

图 6

A. 代码视图　　B. 拆分视图　　C. 设计视图　　D. 实时视图

11. 在某种进制的算数运算中 $(76)_x = (62)_{10}$，则该进制 x 的值是(　　)(常考)

A. 7　　B. 8　　C. 9　　D. 16

12. 下列关于 IPv6 地址描述正确的是(　　)

A. IPv6 采用主机地址自动配置

B. IPv4 地址存放在 IPv6 地址的高 32 位

C. IPv6 地址为 256 位，解决了地址资源不足的问题

D. IPv4 地址中包容了 IPv6 地址，从而可保证地址向前兼容

13. 在 Flash 软件导入图像的过程中，出现如图 7 所示的提示对话框，点击“是”按钮后，时间轴显示的是(　　)(易错)

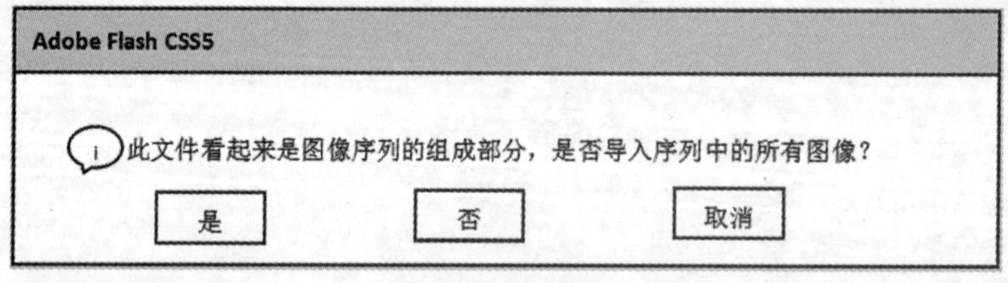

图 7

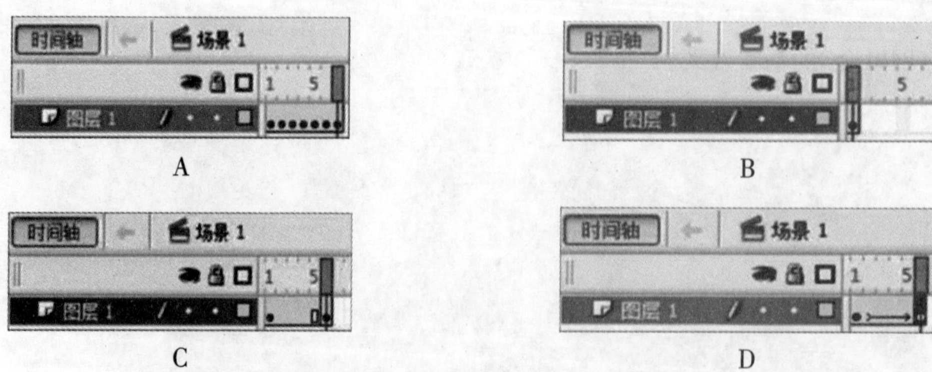

14. 一段时长10秒,分辨率为800×600像素,16位色,帧频为25帧/秒的视频,其未经压缩的存储容量约为(　　)(常考)

A. 22.9 MB　　B. 115 MB　　C. 229 MB　　D. 229 GB

15. 如图8所示的灰度模式图像,要在Photoshop中将其调整为如图9所示的效果,可以选择的操作是(　　)(易混)

图8

图9

A. "图像＞调整＞反相"　　B. "图像＞模式＞双色调"

C. "图像＞调整＞色调均化"　　D. "图像＞调整＞阈值",调整阈值色阶数值

二、简答题(本大题共3小题,每小题10分,共30分)

16. 为倡导居民日常生活节约用水,某市居民生活用水实施阶梯水价制度见表1。请用你熟悉的计算机语言,设计一个程序,计算某四口之家在本年度已经使用了x立方米水时的水费。(易错)

表1　某市居民生活用水水价表(每户1~5人)

	分档水量(立方米·年)	水价标准(元/立方米)
一档	1~180(含)	5
二档	181~260(含)	7
三档	261及以上	9

17. 请简要回答"三网融合"的基本含义。

18. 请简要回答中学信息技术课程内容的特点。(常考)

三、案例分析题(本大题共2小题,每小题20分,共40分)

19. 案例:

江老师为"VB赋值语句与顺序结构"一课确立的教学目标:(1)领会赋值的含义;(2)说出顺序结构程序的执行规则;(3)读懂顺序结构程序,并给出正确的程序运行结果。

课前,江老师在准备教学素材时设计了如图10所示的程序,为了能够对后续的教学做一个铺垫,江老师又设计了如图11所示的两段程序。

课上,江老师为了解同学们对赋值概念的认识,首先出示了程序一,让同学们试着给出程序运行后的结果。江老师提示同学们,"这些程序语句在计算机中都是一句一句依次执行的"。在同学们独立阅读程序的过程中,江老师巡视同学们的作答情况,他发现同学们在程序一的运行结果上给出了两种答案:(1)b=50;(2)b=60。

在本节课快结束时,江老师又拿出了如图11所示的两段程序,让同学们认识了两段特殊的顺序结构程序。

```
程序一
a=20
b=10
c=a+b
a=a+b
b=a+c
c=a
该程序段运行后，b=()
```

图10

```
程序二
n=1
n=n+1
n=n+1
n=n+1
n=n+1
该程序段运行后，n=()
```

```
程序三
p=0
p=p+1
p=p+2
p=p+3
p=p+4
p=p+5
该程序段运行后，p=()
```

图11

问题:

(1)请从教学内容的关联性上,分析江老师设计的程序二和程序三分别为将要学习的哪个知识点做铺垫。(5分)

(2)请分析错答程序一的同学出现错误结果的原因(7分),并说明你对这部分同学进行指导的思路。(8分)

20. 案例:

在新学期的信息技术教学中,唐老师尝试运用 Moodle 平台为学生提供学习评价。他使用了 Moodle 的跟踪和日志功能,通过 Moodle 管理模块中的报表查看学生访问课程的次数、页面停留的时间和参与讨论的情况。在查看了这些情况后,唐老师还会通过 QQ 或微信、E-mail 及时提醒未能按时完成作业或不积极参与学习的学生。

此外,唐老师还在平台上为学生作品评价设计了一个"互动评价"模块。在这个模块中,学生可以对同伴的作品进行点评。唐老师也会参与学生的作品评价,有时还会对同学们的评价过程进行指导,提醒同学们评价作品时要遵循评价标准,要有理有据地指出作品得分的理由。

经过一个学期的探索,唐老师感受到同学们学习更积极了,制作作品也更用心了。

问题:

(1)唐老师利用 Moodle 平台的跟踪和日志功能实施的评价属于哪种评价方式?(4 分)这种评价方式的主要特点有哪些?(6 分)

(2)请分析唐老师使用学习平台进行教学评价有哪些可借鉴之处。(10 分)

四、教学设计题(本大题共 1 小题,共 35 分)

21. 阅读材料,根据要求完成教学设计。

上课内容为"信息的编码"的第一课时,主要介绍了二进制的含义、特点、运算法则以及二进制与十进制之间的转换。通过本节课的学习,学生知道信息编码的意义,能准确说出二进制的含义及基本特征,会进行二进制与十进制之间的转换。

教学环境:交互式电子白板教室环境,如图 12 所示。除交互式电子白板外,教室还配有实物展台、电脑、投影机等教学设备。

电子白板的主要功能有:演示(演示图片、动画、视频等多媒体信息)、书写(多种笔可供书写)、控制(在白板上的触控相当于鼠标操作,直接控制计算机并显示反馈)、记录(存储、回放等)、拖曳、辅助教学(聚光灯、拉幕、放大镜)等。

图 12

教学对象:高中一年级学生

教学用时:1 课时(45 分钟)

要求:

(1)请分析本节课教学内容特点(5 分),并结合教学内容特点选择一种适宜的教学方法,简要说明理由。(5 分)

(2)针对"二进制与十进制转换"这一知识点设计 1 道填空题和 1 道单项选择题。(10 分)

(3)基于所提供的教学环境,根据题(2)所设计的 2 道题目,设计练习环节的师生活动,并说明使用的电子白板功能,将表 2 填写完整。(15 分)

表 2　练习环节设计表

师生活动	电子白板运用

机密★启封前　　　　　　　　　　　　　姓名＿＿＿＿＿＿　准考证号＿＿＿＿＿＿

2017 年下半年中小学教师资格考试真题试卷

《信息技术学科知识与教学能力》(高级中学)

注意事项:

1. 考试时间为 120 分钟,满分为 150 分。
2. 请按规定在答题卡上填涂、作答。在试卷上作答无效,不予评分。

一、单项选择题(本大题共 15 小题,每小题 3 分,共 45 分)

在每小题列出的四个备选项中只有一个是符合题目要求的,请用 2B 铅笔把答题卡上对应题目的答案字母按要求涂黑。错选、多选或未选均无分。

1. 2016 年 5 月,湖北某地公安机关网安部门接群众举报称,本地网民李某某、郑某某等人涉嫌通过网络大量贩卖公民个人信息。该团伙利用其短信营销平台,不断获取客户上传信息,形成了一个多达 200 余万条的公民个人信息资料库,并将出售该库中的手机号码信息作为增值业务,提供给向其购买营销服务的客户,非法获利 100 余万元。对此,下列说法正确的是(　　)(常考)

A. 这是信息增值业务,不必干涉限制　　B. 这是公司经营业务,不应受到干涉

C. 这是严重违法行为,应受到法律严惩　　D. 这是不当经营行为,应予以严厉批评教育

2. 孙某将如图所示的个人名片公开发布在某交友网站,从信息安全的角度考虑,下列说法中错误的是(　　)

通信技术经纬有限公司

孙二伟 高级工程师

手机:17093232392　宅电:01057351114

QQ:157230805　邮箱:sunerwei0121@qq.com

生日:1990 年 1 月 21 日　住址:北京小南街 C 巷 28 号

A. 公布生日信息不利于个人信息保护

B. 在交友网站公布个人详细信息存在信息安全隐患

C. 将手机号码或家庭电话作为自己邮箱的密码方便安全

D. 公布住址详细信息与家庭电话号码不利于个人信息保护

3. 模拟某十字路口国道通行状态的编码如图中控制码表所示,每个车道用一个指示灯指示通行。若某一时段只允许中间 2 个车道直行,对应的控制码如图中右图所示,若某一时段允许车辆左转,但不允许车辆直行和右转,则此时的控制码应该是(　　)

编码	状态
00	不亮
01	红灯
10	黄灯
11	绿灯

控制码表

01	11	11	01

高位　　　　低位

A. 01110101　　B. 01111101　　C. 11010101　　D. 11111101

4. 国内某电子购物平台计划推出“Buy +”购物新技术产品,如图所示,目的是通过计算机的图形系统以及辅助传感器,形成一个能够与人体产生交互的三维购物场景,让用户在购买商品的过程中拥有更多体验。基于以上信息推断,“Buy +”这种产品主要使用的技术是(　　)(易混)

A. 虚拟现实技术　　B. 智能代理技术

C. 模式识别技术　　D. 大数据分析技术

5. 如图所示的 Excel 表中,A1 单元格为“日期”格式,B1 单元格为“数值”格式,执行如图所示公式后 C1 单元格中会显示(　　)(易错)

SUM　× ✓ fx　=A1+B1

	A	B	C
1	2016-10-20	2	=A1+B1

A. 2016 - 10 - 22　　B. #VALUE!　　C. 2016 - 12 - 20　　D. 2016 - 10 - 20 + 2

6. 如图所示,由关系 R 和 S 得到关系 T 的操作是(　　)(易混)

R

A	B	C
a	1	2
b	2	3
c	3	1

S

A	B	C
z	5	3
c	3	1

T

A	B	C
a	1	2
b	2	3
c	3	1
z	5	3

A. 并　　B. 交　　C. 投影　　D. 选择

7. 某品牌计算机的参数是:Intel 酷睿 i7 4790 3. 6GHz/1TB 7200 转/8G DDR3/DVD……,关于参数的解释正确的是(　　)

A. 8G 指的是硬盘容量的大小

B. 1TB 指的是内存容量的大小

C. 7200 转指的是计算机读取数据时的平均速度

D. Intel 酷睿 i7 4790 3. 6GHz 指的是 CPU 的型号和频率

8. 使用 Word 编辑文档过程中,有时一些文字下方会自动出现波浪形下划线,如图所示。下列对这些下划线的描述中正确的是(　　)(常考)

教育技术是关于学习过程和学习资源的设计、开发、利用、管理和评价的理论与实践。

Instructional technology is the the ory and practice of design, development, utilization, management, and evaluation of processes and resources for learning.

A. 说明编辑者使用了修订功能

B. 对应的文字可能出现了拼写、语法错误

C. 在打印文档时,这些下划线会被打印出来

D. 说明对应的文字所使用的字体在计算机中不存在

9. 如果想要查询姓名为三个字的学生的成绩,在图中的"①"处应该键入(　　)(易错)

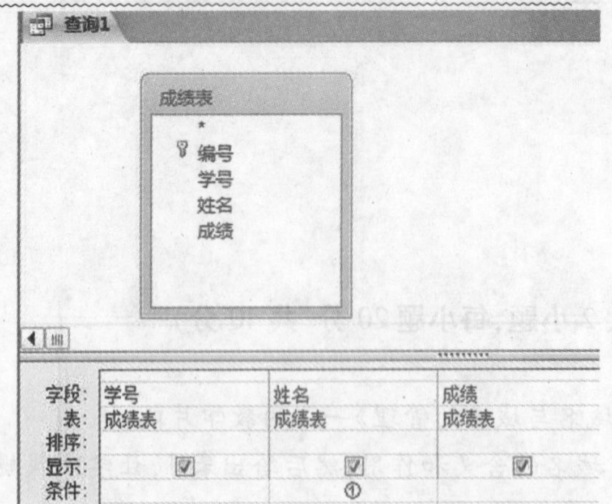

A. Like "＊＊＊"　　B. Like "###"　　C. Like "[1-3]"　　D. Like "???"

10. 某 Photoshop 作品的当前编辑窗口如图所示,设置了样式效果的图层有(　　)

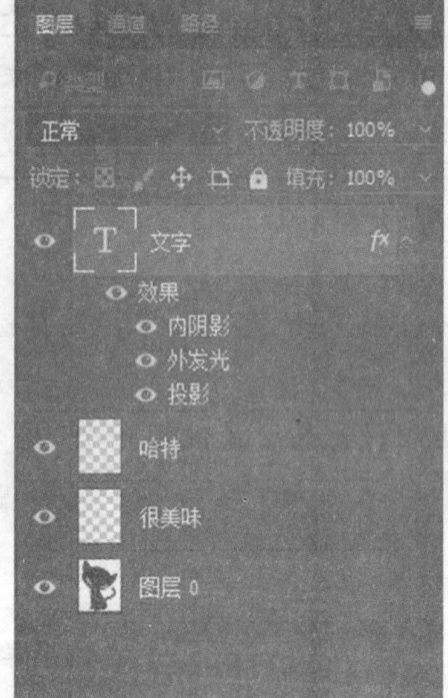

A. 1 个　　B. 2 个　　C. 3 个　　D. 4 个

11. 某 Flash 动画的主场景时间轴如图所示,下列说法正确的是(　　)

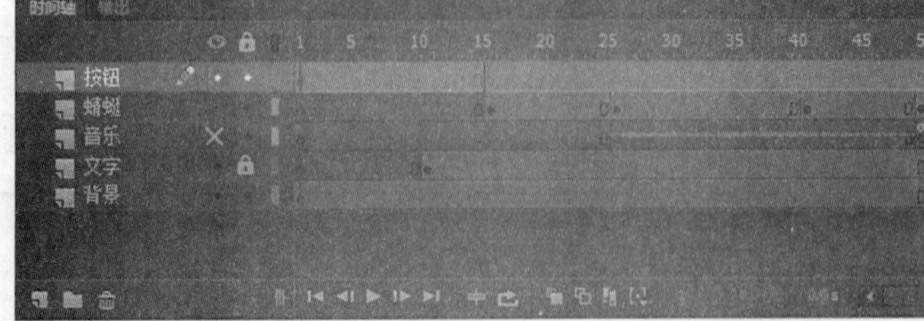

A. "文字"图层被锁定,所以不能删除

B. "蜻蜓"图层的第 50 帧写有动作脚本

C. "音乐"图层被隐藏,所以动画播放时音乐不能播放

D. "按钮"图层的内容在动画播放时会一直显示在主场景中

12. 如图所示的流程图是一种查找算法,用该算法在数组 d{15,28,35,37,42,56,78,82,92,98}中查找 92,依次被查到的元素值是(　　)(常考)

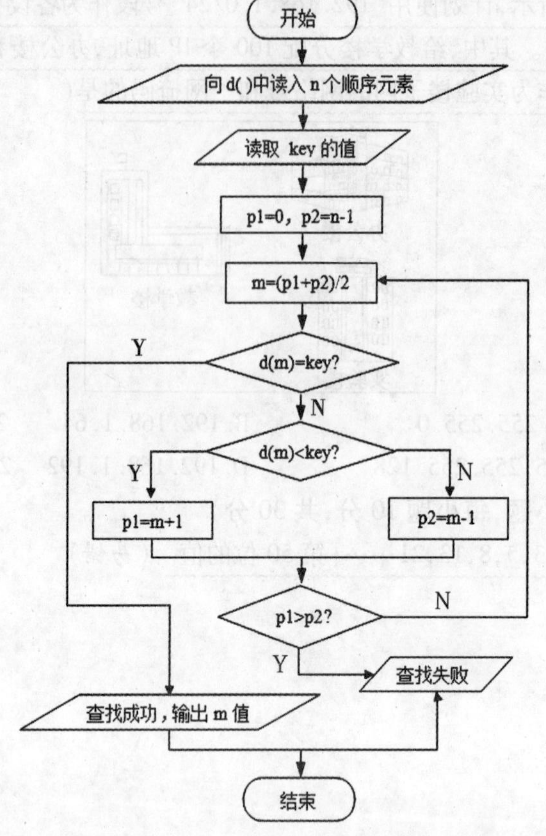

A. 42,82,92　　B. 56,82,92　　C. 42,78,82,92　　D. 56,78,82,92

13. 某照片的部分属性信息如图所示,一个有 10MB 未用空间的 U 盘最多能存储与此照片属性完全相同的照片的数量是(　　)

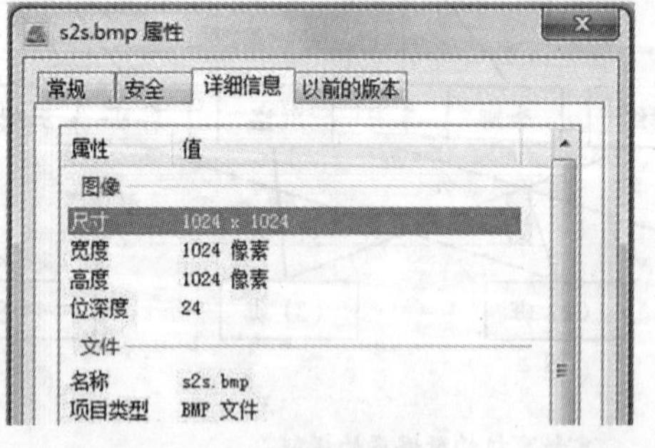

A. 2　　B. 3　　C. 16　　D. 24

14. 下列网页制作脚本语句中,能弹出如图所示对话框的是(　　)(易错)

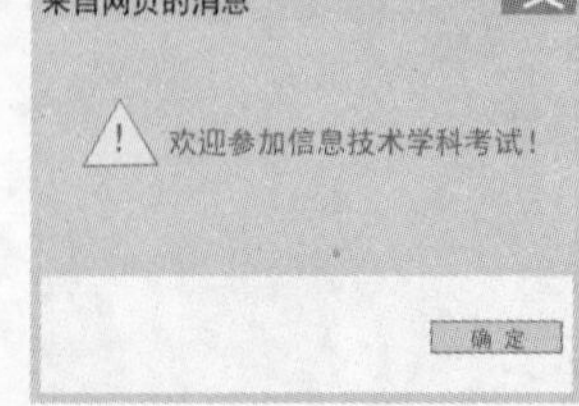

A. <script language = "JavaScript" >alert("欢迎参加信息技术学科考试!");</script>

B. <script language = "JavaScript" >confirm("欢迎参加信息技术学科考试!");</script>

C. <script language = "JavaScript" >prompt("欢迎参加信息技术学科考试!");</script>

D. <script language = "JavaScript" >window. open("欢迎参加信息技术学科考试!");</script>

15. 某学校有三栋楼如图所示，计划使用“192.168.1.0/24”号段作为各设备的 IP 地址组建校园网络，每栋楼设置一个 VLAN。其中，给教学楼分配 100 个 IP 地址，办公楼和实验楼各分配 60 个 IP 地址。下列选项中可以作为实验楼子网的网络号和子网掩码的是(　　)(易混)

A. 192.168.1.0　255.255.255.0　　B. 192.168.1.64　255.255.255.128

C. 192.168.1.128　255.255.255.128　　D. 192.168.1.192　255.255.255.192

二、简答题(本大题共 3 小题，每小题 10 分，共 30 分)

16. 编程计算数列{1,1,2,3,5,8,13,21……}第 50 位的值。(易错)

17. 下图是某数据模型的示例，请简要回答该数据模型的类型及其特点。(常考)

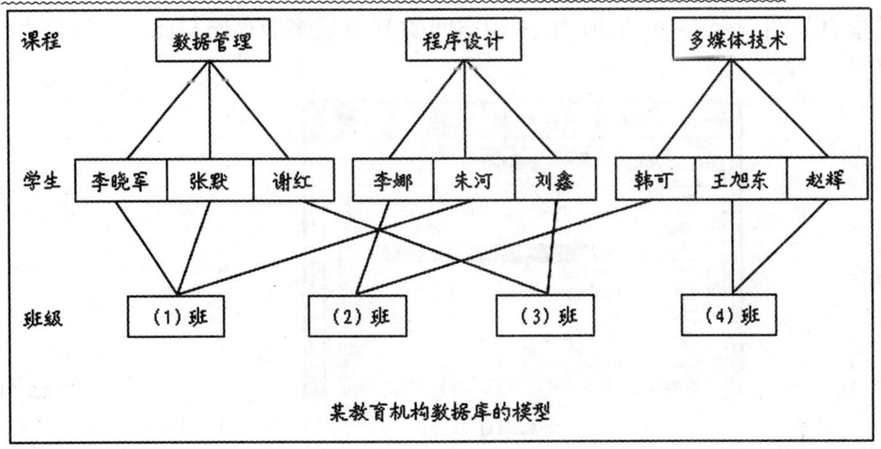

某教育机构数据库的模型

18. 工具性是中学信息技术课程的主要特征之一，请简要回答信息技术课程的工具性主要表现在哪些方面。(易混)

三、案例分析题(本大题共 2 小题，每小题 20 分，共 40 分)

19. 案例：

以下是章老师的《域名与域名的管理》一课的教学片段。

章老师首先介绍了域名的含义和作用，然后给出表 1，让学生找规律，探索域名的构成及命名规则。

表 1　域名举例

新浪	sina. com. cn	百度	baidu. com. cn
北京大学	pku. edu. cn	南京大学	nju. edu. cn
江苏政府	js. gov. cn	上海政府	sh. gov. cn

学生发表各自的看法，用时 5 分钟。

之后教师总结如下：

(1)域名基本结构就是一个层级结构，层间“.”分开，顶级域名在后，次级域名依次向前。

(2)域名命名规则：(略)。

接着，章老师引导学生以小组讨论的方式做了一个“编名字”的小游戏；小组讨论，完成以下任务：

①给一所新学校“红星高中”编写域名；

②给父母或亲戚开的一家新技术公司编写域名。

章老师将学生编写的域名记录下来(如表 2)，并引导学生参照教材中的域名命名规则进行点评。

表 2　学生编写的域名举例

组号	红星高中	新技术公司
1	①hx. com. cn	②小光技术
2	③hx^^gx. edu. cn	④tmax. com. cn

问题：

(1)请分析章老师设计“编名字”小游戏的意图。(8 分)

(2)如果你是章老师，请编写一段教师语言对表 2 中的域名进行点评。(12 分)

20. 案例：

为了学生能够在课堂学习中巩固《算法与程序设计》的内容，吴老师经常在教学中给学生布置课堂作业。但是，由于授课班级的人数多，很多时候不能在课堂中对学生的作业进行及时批改和反馈。为了解决这一问题，吴老师开发了一个作业反馈系统，该系统可以实现对学生作业的自动批改与错误分析。学生每完成一道作业并提交系统后就可以马上得到作业反馈结果，如下图所示。学生不仅能够从系统中得知自己的作业得分，还能知道自己编写的程序错在哪里。

201　028严　杰1404.frm得分情况如下：		
产生区间[0，1000）内的随机数正确	本项分值0.5分	得0.5分
能输出产生的随机数	本项分值0.5分	得0.5分
选择排序外循环正确，循环变量为i	本项分值1分	得0分
选择排序if语句正	本项分值0.5分	得0.5分

某同学提交作业后获得的作业反馈结果

利用系统的查询功能，教师可以查询所有学生、所有作业的完成情况，从整体上掌握学生的学习情况，如下图所示。

班级：201403 / 201407 / 201411　　练习 1404.frm / 1403.frm / 1402.frm　　搜索成绩

学号	姓名	性别	本题分值	得分	批分日期
201　019	周　婧	女	13	13	2015/1/12
201　001	王　妤	女	13	11.5	2015/1/9
201　039	曹　平	女	13	11	2015/1/12
201　038	周　豪	男	13	9.5	2015/1/9
201　002	温　旺	男	13	9	2015/1/9

教师端的作业查询页面示例

问题：

(1)吴老师设计的作业反馈系统在支持教学评价方面具有哪些优势？(8分)

(2)如果需要系统支持教师对个别学生的学习进行指导与反馈，应如何改进教师查询页面的功能？(12分)

四、教学设计题(本大题共1小题，共35分)

21. 请阅读下列材料：

教育实习是师范院校培养适应中小学教育教学需要、高素质专业化教师的重要实践环节，也是师范生更好地理解教育教学知识，掌握教学设计与实施能力的重要途径。

实习生小周将要上课的内容是“数据库系统”。本节课的教学目标之一是学生能够理解数据库系统的构成及相关基本概念，初步掌握数据库的建立及基本操作。教材中选用的数据库案例是“学生选修课程信息库”，该数据库包含：课程信息表、课程选择表、学生信息表，如图所示。

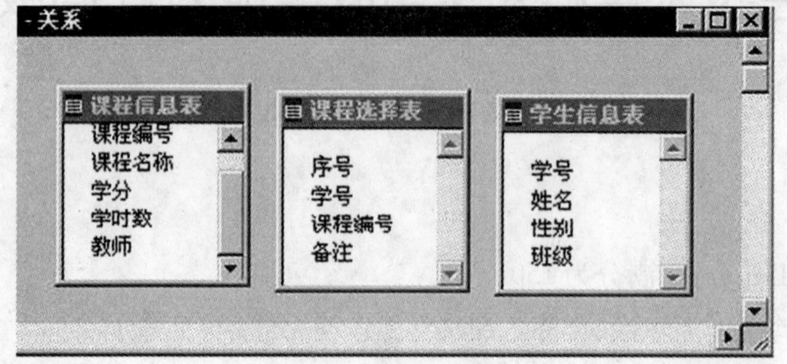

数据库、数据库管理系统、数据库应用系统等概念及其相互关系，如下图所示。

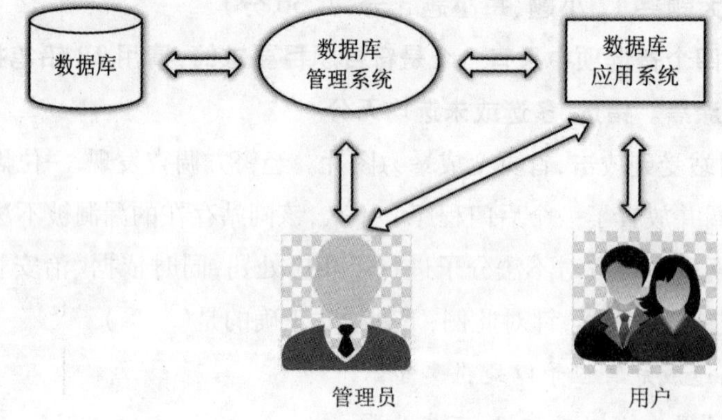

数据库系统主要组成关系

教学对象：高中一年级学生

教学环境：多媒体网络教室

教学用时：1课时(45分钟)

依据上述材料，完成下列任务：

(1)结合教学内容的特点和学生实际，分析教材中选用“学生选修课程信息库”案例的意图(8分)；请设计一段教师语言向学生解释图中所示的数据表之间如何建立关系。(7分)

(2)基于教材所选的数据库案例，设计一个教学片段，让学生在体验中理解数据库系统的构成及相关基本概念。(20分)

机密★启封前　　　　　　　　　　　　　　姓名＿＿＿＿＿＿　准考证号＿＿＿＿＿＿

2017 年上半年中小学教师资格考试真题试卷(精编)

《信息技术学科知识与教学能力》(高级中学)

(本试卷共 21 小题,目前已收录 18 小题)

注意事项:

1. 考试时间为 120 分钟,满分为 150 分。
2. 请按规定在答题卡上填涂、作答。在试卷上作答无效,不予评分。

一、单项选择题(本大题共 12 小题,每小题 3 分,共 36 分)

在每小题列出的四个备选项中只有一个是符合题目要求的,请用 2B 铅笔把答题卡上对应题目的答案字母按要求涂黑。错选、多选或未选均无分。

1. 2015 年,某政府网站受到攻击,首页变成暴力图片。经警方调查发现,一位黑客 2014 年到该政府网站后台“溜达”一圈并放置了一个后门程序。不久,该网站存在的漏洞被不法分子发现,利用这个后门程序“黑”了该网站。警方对不法分子进行了相应处罚,同时依据《治安管理处罚法》第 29 条规定对该名黑客也进行了处罚。针对此例,下列说法正确的是(　　)

A. 侵入政府网站,造成危害应予以处罚

B. 进入网站“溜达”是个人兴趣爱好,不应处罚

C. 进入网站“溜达”完全属于网络自由,不应处罚

D. 网站有漏洞,应处罚管理人员而不是黑客

2. 360 度全息成像技术广泛应用于体育赛事直播中,可以实现影像与实物的结合。下图所示的足球比赛直播画面,主要应用的技术是(　　)(常考)

A. 人工智能　　B. 语音识别　　C. 虚拟现实　　D. 图像识别

3. 2015 年,国务院办公厅颁发了《三网融合推广方案》,三网指的是(　　)

A. 广播电视网、电信网和互联网　　B. 广播电视网、电力网和互联网

C. 卫星通信网、电信网和互联网　　D. 卫星通信网、电力网和互联网

4. 打印某 PPT 文档对话框设置如图所示,下列说法正确的是(　　)

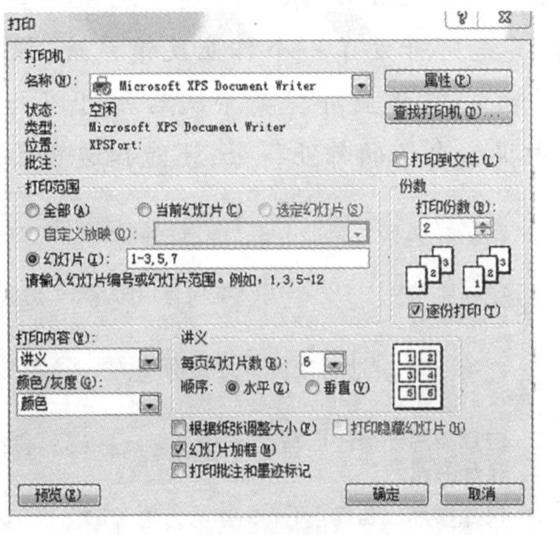

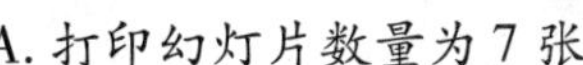

A. 打印幻灯片数量为 7 张

B. 当前文档输出的纸质版为 2 份

C. 当前文档可以打印批注和墨迹标记

D. 当前打印设置下输出后的每页纸张显示 6 张幻灯片

5. 在下列教学媒体中,同时具备画图、书写、编辑、页面操作功能的是(　　)

A. 幻灯机　　B. 投影仪

C. 液晶电视机　　D. 交互式电子白板

6. 2014 年全国高考作文题目 18 卷中有 12 卷作文选题方向被某网站大数据预测中。同时,6 月 17 日前开场的 13 场世界杯胜率预测中,该网站命中 10 场。该网站采用的预测技术核心是(　　)(易混)

A. 机器学习　　B. 语音识别　　C. 文语转换　　D. 虚拟现实

7. 某 Excel 数据表中自动筛选操作界面如图所示,下列说法正确的是(　　)(易错)

A	B	D	E	F	G
实验小学三年级2014-2015第二学期期末考试成绩					
学号	姓名	数学	英语	总分	
20121101	李涛	137	110	359	
20121102	齐红	89.5	122	302.5	
20121103	张玲	105	103	305	
20121104	苏岩	142	115	351	
20121105	张伟	79	123	297	
20121106	吕霞	116	134	350	
20121107	潘悦	98	111	308	

自定义自动筛选方式
显示行:
数学
大于或等于　120
与(A)　或(O)
小于　90
可用 ? 代表单个字符
用 * 代表任意多个字符
确定　取消

A. 自动筛选的数据结果共有 9 条记录

B. 筛选条件为“数学 > = 120”或“数学 < 90”

C. 筛选条件为“数学>=120”或“英语<=90”

D. 自动筛选数据区域共有5列,C列已被删除

8. 某计算公式的流程图如图所示,输出结果s的值为(　　)(常考)

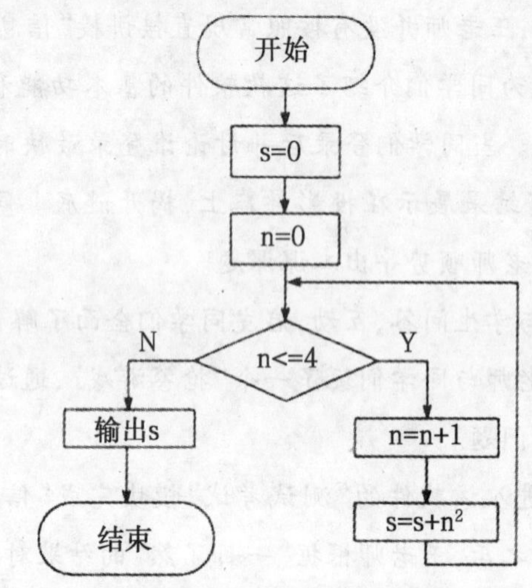

A. 14　　B. 30　　C. 55　　D. 91

9. 某台计算机的TCP/IP属性设置见下图,其中两处设置有误,下列改正办法中正确的是(　　)(易混)

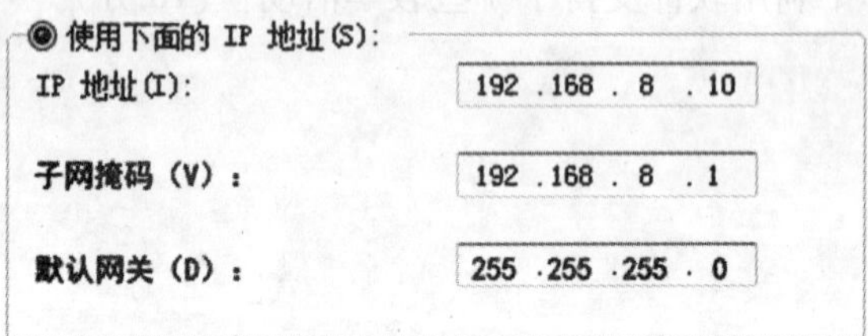

A. IP地址改为192.168.8.1,子网掩码改为192.168.8.10

B. IP地址改为192.168.8.1,子网掩码改为255.255.255.255

C. 默认网关改为192.168.8.1,子网掩码改为255.255.255.255

D. 默认网关改为192.168.8.1,子网掩码改为255.255.255.0

10. 在如图所示的Photoshop CS工具箱中,用来切换前景色和背景色的是(　　)

A. 图①所示的工具　　B. 图②所示的工具

C. 图③所示的工具　　D. 图④所示的工具

11. 使用某转码软件对一段时长为2分钟的avi视频进行转码,转码后界面如图所示,单独计算该视频的文件存储所需的空间大小为(　　)

类型: Flv
视频编码: PIV1 每秒帧数 18
屏幕大小: 640×840宽高比 自动
比特率(KB/秒) 512
二次编码 否

A. 18MB　　B. 36MB

C. 60MB　　D. 512MB

12. 一个带符号数的8位二进制补码由6个1和2个0组成,则可以表示的最大十进制数值为(　　)(易错)

A. 63　　B. 65　　C. 126　　D. 252

二、简答题(本大题共3小题,每小题10分,共30分)

13. 请简要回答什么是归纳推理,并举例说明。

14. 请阅读下面素材,简要回答素材中体现了信息的哪些特征并解释说明。

姜维问曰:“若大军退,司马懿乘势掩杀,当复如何?”孔明曰:“吾今退军,可分五路而退。今日先退此营,假如营内一千兵,却掘二千灶,明日掘三千灶,后日掘四千灶:每日退军,添灶而行。”杨仪曰:“昔孙膑擒庞涓,用添兵减灶之法而取胜;今丞相退兵,何故增灶?”孔明曰:“司马懿善能用兵,知吾兵退,必然追赶;心中疑吾有伏兵,定于旧营内数灶;见每日增灶,兵又不知退与不退,则疑而不敢追。吾徐徐而退,自无损兵之患。”遂传令退军。

却说司马懿料苟安行计停当,只待蜀兵退时,一齐掩杀。正踌躇间,忽报蜀寨空虚,人马皆去。懿因孔明多谋,不敢轻追,自引百余骑前来蜀营内踏看,教军士数灶,仍回本寨;次日,又教军士赶到那个营内,查点灶数。回报说:“这营内之灶,比前又增一分。”司马懿谓诸将曰:“吾料孔明多

谋,今果添兵增灶,吾若追之,必中其计;不如且退,再作良图。”于是回军不追。孔明不折一人,望成都而去。次后,川口土人来报司马懿,说孔明退兵之时,未见添兵,只见增灶。懿仰天长叹曰:“孔明效虞诩之法,瞒过吾也!其谋略吾不如之!”遂引大军还洛阳。

15. 信息技术教师对小组合作学习有效性的评价应主要考虑哪些方面的因素?(常考)

三、案例分析题(本大题共2小题,每小题20分,共40分)

16. 案例:

这学期,王老师计划在高一年级的教学中应用一款新的教学软件。

在第一节课的导课环节,王老师并没有按照常规直接讲授“信息技术的概念、信息技术对个人和社会的作用”等,而是首先为同学们介绍了这款软件的基本功能和账号的注册、登录步骤,然后让每个学生创建账号和密码。当同学们登录后并讨论谁登录最快时,王老师点击软件上“登录名单”面板的“登录时间”,并将结果展示在投影屏幕上,揭开谜底。同学们通过该活动感受到信息技术的方便、快捷。此时,王老师顺势导出本课课题。

随后,王老师通过多次与学生问答、互动,启发同学们全面了解信息技术对个人与社会的发展作用。为巩固学习成果,王老师与同学们玩了一个“抢答游戏”,通过软件反馈的抢答结果,王老师筛选出抢答最快的同学回答问题。

下课前,王老师让同学进入该款件的“测试考试”模块完成“信息技术基础”测验。测验结束将结果展示在投影屏幕上。之后,王老师根据“一目了然”的结果对学生存在的共性问题进行补充讲解。

问题:

(1)与直接导课相比,王老师的导课有什么不同?(10分)

(2)王老师这节课的教学中利用软件支持了哪些教学活动?(10分)

17. 案例：

随着移动技术的普及，二维码作为一种全新的信息存储、传递和识别技术迅速地融入了社会生活中。因此，郑老师专门设计、增加了一节二维码基础知识的内容，并利用学校网络学习平台开展了“二维码世界”主题学习活动。在课堂练习与小结环节，郑老师提示同学们进入学习平台，完成“自我检测”。5 分钟后，同学们答题结束，平台自动生成了答题结果统计图表。郑老师和同学们共同查看了全班同学的答题情况，从统计图表显示的题目正确答题率来看，同学们对二维码的用途和基本使用过程掌握得最好，正确答题率达到 90%；对二维码的基本组成要素及其作用的理解，正确答题率为 75%。根据同学们的答题情况，郑老师发现同学们对于二维码基本组成要素的理解方面，问题主要出在二维码中“回”字形图形的用途上。针对这一情况，郑老师对这类问题作了详细解析。下课前，郑老师提示同学们，“在平台中查看自己的自测结果，有任何疑难问题可以给我留言。”

问题：

(1) 从评价主体角度分析郑老师在这一环节中使用的评价方式，并说明这种评价方式的优点。(10 分)

(2) 请分析郑老师所使用的学习平台对教学评价起到的具体作用。(10 分)

四、教学设计题(本大题共 1 小题，共 35 分)

18. 阅读下列材料：

为了让高中一年级学生能够完整地体验信息处理的全过程，教师通常会设计一个综合性的主题学习活动。“我的悠长假期”主题学习活动即是以图像处理为载体，让学生体验信息采集，加工与表达的全过程。下面是本次主题活动方案：

活动目的：以图片处理为载体体验信息处理的过程。

活动内容：以“我的悠长假期”为主题，分组完成电子相册的制作，并展示交流。

活动形式：小组合作

活动时间：4 课时(活动准备 1 课时，信息加工与处理 2 课时，汇报交流 1 课时)

活动过程：

(1) 分组活动，并确定电子相册主题；

(2) 利用国庆放假期间拍摄照片，每组照片不少于 10 张；

(3) 利用 Photoshop 等图像处理软件对照片进行适当的加工与处理；

(4) 利用电子相册编辑软件，制作电子相册；

(5) 分组汇报电子相册的制作过程与制作成果。

请根据上述材料，完成下列教学设计任务：

(1) 合理分工与合作是本次活动的关键，请根据下表设计小组讨论支架，引导学生选择与确定主题、确定作品风格，明确任务分工等。(15 分)

小组讨论支架	
1. 组长推选	
2. 讨论电子相册主题	
3. 确定作品风格	
4. 明确任务分工与职责	

(2) 请为电子相册作品设计一份评价量表，完成下表。(20 分)

等级 / 项目	A	B	C
主题与内容(3 分)			
技术运用(4 分)			
艺术表达(3 分)			
总评			

(8 ~ 10 分为五颗星；4 ~ 7 分为四颗星；1 ~ 3 分为一颗星)

机密★启封前　　　　　　　　　　　　姓名__________　准考证号__________

2016年下半年中小学教师资格考试真题试卷

《信息技术学科知识与教学能力》(高级中学)

注意事项:

1. 考试时间为120分钟,满分为150分。
2. 请按规定在答题卡上填涂、作答。在试卷上作答无效,不予评分。

一、单项选择题(本大题共15小题,每小题3分,共45分)

在每小题列出的四个备选项中只有一个是符合题目要求的,请用2B铅笔把答题卡上对应题目的答案字母按要求涂黑。错选、多选或未选均无分。

1. 2016年春节前后,国家网信办持续重拳出击,依法查处网上违法违规行为,集中清理淫秽色情、虚假欺诈等违法违规信息,对五百多个违法违规公众账号和一批误导公众、影响恶劣的网络名人账号予以关闭或暂停。对此,下列说法正确的是(　　)

A. 网络空间自由,不应关闭

B. 个人兴趣爱好,不应处罚

C. 信息只在朋友圈中传播,属于个人行为隐私

D. 网络空间不是法外之地,不得传播违法信息

2. 2016年3月,在一场举世关注的人机对弈围棋比赛中,被称为AlphaGo(阿尔法围棋)的机器人最终击败了世界围棋高手。AlphaGo主要采用的技术是(　　)(常考)

A. 人工智能　　B. 虚拟现实　　C. 仿真技术　　D. 多媒体技术

3. 在下面一段Word文本中,文本格式设置效果如图所示,首字符"真"的格式设置是(　　)

真正成为自己可不是一件容易的事。世上有许多人,你可以说他是随便什么东西,例如是一种职业,一种身份,一个角色,唯独不是他自己。如果一个人总是按照别人的意见生活,没有自己的独立思考,总是为外在的事务忙碌,没有自己的内心生活,那么,说他不是他自己就一点儿也没有冤枉他。因为确确实实,从他的头脑到他的心灵,你在其中已经找不到丝毫真正属于他自己的东西了,他只是别人的一个影子和事务的一架机器罢了。

A. 首行缩进　　B. 悬挂缩进

C. 首字下沉　　D. 文字方向

4. 某Flash动画的部分编辑界面截图如图所示,如果将帧频改为5fps,播放完动画内容需要的时间为(　　)

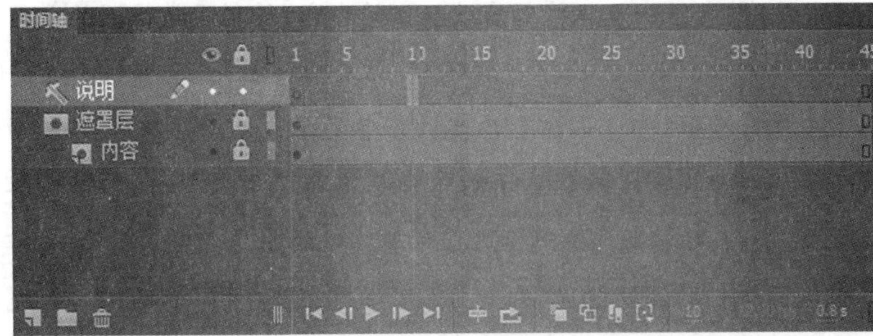

A. 0.8秒　　B. 9秒　　C. 10秒　　D. 12秒

5. 如图是用某软件查询当前某一地区实时路况的画面,这种应用主要体现了信息具有(　　)

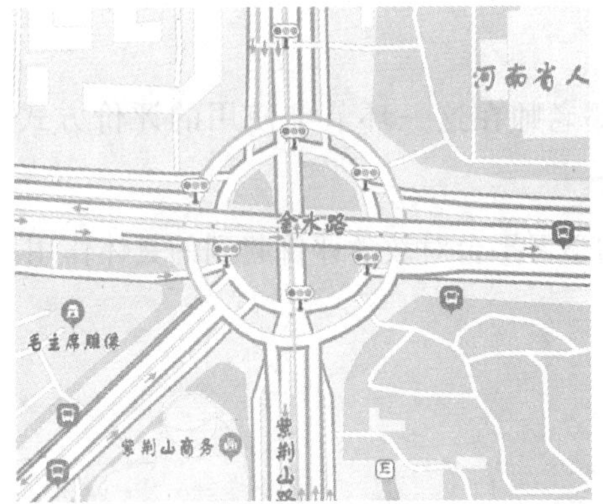

A. 时效性　　B. 依附性　　C. 真伪性　　D. 可识别性

6. 某品牌的电脑主板如图所示,①、②、③、④处可以接入的硬件是(　　)(易混)

A. ①显卡②CPU③网卡④电源插头　　B. ①网卡②CPU③内存条④电源插头

C. ①内存条②CPU③网卡④电源插头　　D. ①视频采集卡②电源插头③内存条④CPU

7. 下列选项中,实体集之间的联系是"一对多"的是(　　)(易错)

A. 班级和学生　　B. 顾客和商品　　C. 学生和课程　　D. 居民和身份证

8. 使用 GoldWave 软件对音频文件“我爱你中国. wav”进行处理，原音频文件的参数如图所示，能够实现修改后的音频文件是原音频文件存储容量 2 倍的是(　　)

立体声 ▾	24.000 ▾	0.000 到 24.000 (24.000) ▾
未修改	24.000 ▾	MPEG 音频 Layer-3, 22050 Hz, 128 kbps, 立体声

A. 将立体声修改为单声道　　B. 将音量设置为原来的 2 倍

C. 将播放速率调整为原来的 2 倍　　D. 将取样频率设置为 44100Hz

9. 在某 PowerPoint 演示文稿中，设置了如图所示的页眉和页脚。下列说法正确的是(　　)

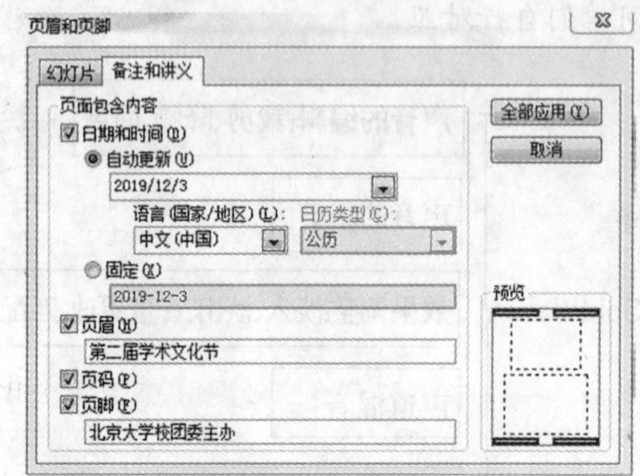

A. 所有幻灯片的页眉显示的文字内容为“第二届学术文化节”

B. 所有幻灯片的页脚显示的文字内容为“北京大学校团委主办”

C. 该对话框中“备注和讲义”选项卡设置的内容在幻灯片页面不显示

D. 打开演示文稿时，幻灯片显示的日期和时间随系统日期和时间自动调整

10. 如图所示，若要只显示班号为“2”且成绩在“276”分以上所有的同学的成绩清单，最简便的操作是(　　)(易混)

2011-2012第二学期期末成绩单														
校名次	班号	考号	姓名	语基	作文	语总	数学	外语	总分1	政治	历史	地理	生物	总分2
1	2	1202	石某阳	58.5	40	98.5	94	91	284	0	0	0	0	284
3	2	1205	赵涵某	55	45	100	96	84	280	0	0	0	0	280
4	3	1302	史某瑾	54.5	38	92.5	93	94	280	0	0	0	0	280
5	6	1603	何某宇	55.5	34	89.5	93	97	280	0	0	0	0	280
8	3	1301	张某阳	48	40	88	92	96	276	0	0	0	0	276
9	3	1304	张嘉某	54	32	86	91	99	276	0	0	0	0	276
10	4	1401	李某佑	53	33	86	94	96	276	0	0	0	0	276
11	2	1201	宋某帆	57.5	30	87.5	98	90	276	0	0	0	0	276
12	3	1316	贾雪某	52.5	42	94.5	93	88	276	0	0	0	0	276
13	4	1402	黄银某	55	35	90	90	95	275	0	0	0	0	275
14	6	1616	李美某	51.5	36	87.5	95	92	275	0	0	0	0	275
15	4	1403	张某琪	53	40	93	83	97	273	0	0	0	0	273
17	2	1302	王某纯	49.5	40	89.5	87	96	273	0	0	0	0	273
18	4	1407	张丁某	45.5	39	84.5	94	94	273	0	0	0	0	273
19	4	1412	段某凡	47.5	38	85.5	96	91	273	0	0	0	0	273

A. 条件格式　　B. 合并计算　　C. 分类汇总　　D. 高级筛选

11. 在某种进制的运算中 $4 \times 5 = 14$，则 5×6 的运算结果是(　　)(易错)

A. 16　　B. 30　　C. 1E　　D. 1F

12. 计算 $s = 1 + 3 + 5 + 7 + 9$ 的算法流程如图所示，若要计算 $s = 1 \times 3 \times 5 \times 7 \times 9$，则下面流程图中的 [s←s+x; x←x+2] 应该改为(　　)(常考)

A. [s←s×x; x←x+2]　　B. [s←s×x; x←x+1]　　C. [s←x×1; x←s×x]　　D. [s←x+2; x←x×s]

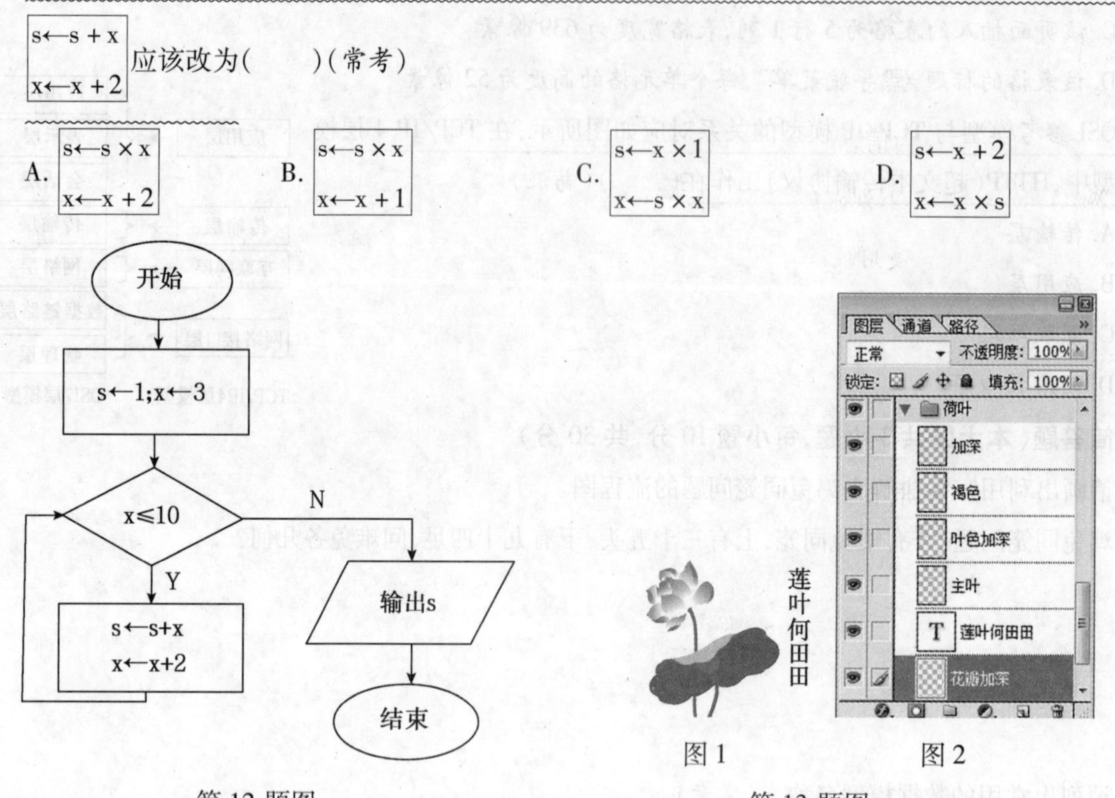

第 12 题图　　第 13 题图

13. 使用 Photoshop 软件制作了如右上图 1 所示的效果，其图层窗口见右上图 2，要调整文字“莲叶何田田”在画面中的大小，可选择的操作命令是(　　)

A. 图像大小　　B. 画布大小　　C. 自由变换　　D. 操控变形

14. 使用 Dreamweaver 软件设计的网页部分代码区域截图如图所示，下列说法中正确的是(　　)

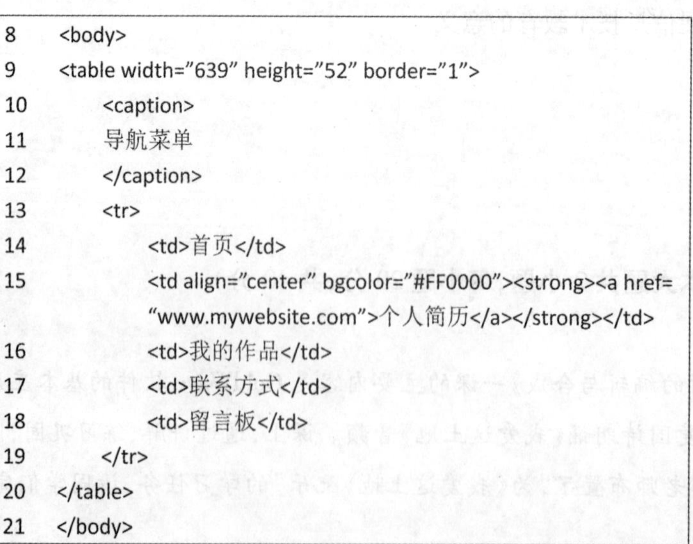

```
<body>
<table width="639" height="52" border="1">
    <caption>
    导航菜单
    </caption>
    <tr>
        <td>首页</td>
        <td align="center" bgcolor="#FF0000"><strong><a href=
        "www.mywebsite.com">个人简历</a></strong></td>
        <td>我的作品</td>
        <td>联系方式</td>
        <td>留言板</td>
    </tr>
</table>
</body>
```

A. 该页面的标题为“导航菜单”

B.“个人简历”的字体颜色为“#FF0000”

C. 该页面插入的表格为5行1列,表格宽度为639像素

D. 该表格的标题为“导航菜单”,每个单元格的高度为52像素

15. OSI参考模型与TCP/IP模型的关系对应如图所示,在TCP/IP 4层模型中,HTTP(超文本传输协议)工作在(　　)(易混)

A. 传输层

B. 应用层

C. 互联网层

D. 网络接口层

TCP/IP4层模型	OSI7层模型
应用层	应用层、表示层、会话层
传输层	传输层
互联网层	网络层
网络接口层	数据链路层、物理层

二、简答题(本大题共3小题,每小题10分,共30分)

16. 请画出利用穷举法解决鸡兔同笼问题的流程图。

鸡兔同笼问题:今有雉兔同笼,上有三十五头,下有九十四足,问雉兔各几何?

17. 请列出常用的数据模型名称。(常考)

18. 请简要回答开展信息技术教育的意义。

三、案例分析题(本大题共2小题,每小题20分,共40分)

19. 案例:

《声音素材的编辑与合成》一课的主要内容是GoldWave软件的基本应用。邹老师请同学们课前自己录制了爱国诗朗诵《我爱这土地》音频。课上,通过讲解、练习巩固,同学们掌握了基本操作技能。随后,邹老师布置了“为《我爱这土地》配乐”的学习任务,请同学们完成自己的配乐作品。

任务要求:

①将你录制的诗朗诵音频进行裁剪、降噪、回声等处理;

②选取一段配乐,并根据你录制的《我爱这土地》音频时长进行裁剪;

③将裁剪好的配乐进行音量效果调整,主要包括淡入、淡出、音量更改、匹配音量等操作;

④将配乐与诗朗诵进行声道混音;

⑤以MP3或WAV文件格式进行保存。

完成任务后,同学们将自己的作品进行展示,并在邹老师的指导下进行了评价。作品评价环节结束后,进入课堂小结,邹老师提问:“同学们,你们还记得我们今天学了什么吗?谁来说一说?”同学们纷纷举手回答,通过互相提示、补充,大家回顾了本节课的主要内容。接着,邹老师用PPT呈现结构图如图所示,请同学们自行对照。

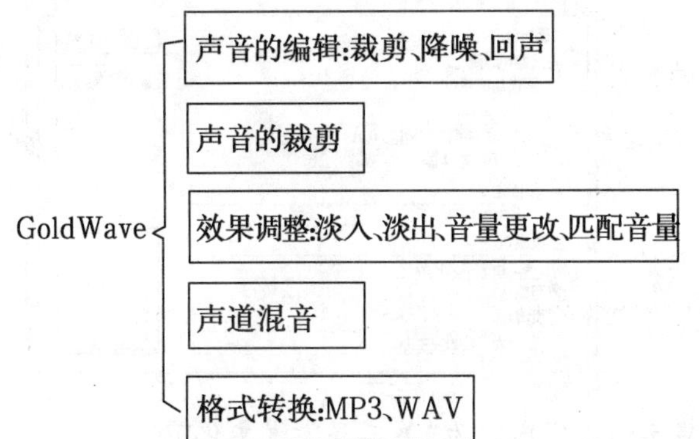

然后,邹老师展示了一段获得大家一致好评的作品和同学们一起欣赏,结束了教学。

问题:

(1)邹老师用了哪些方法完成了课堂小结?(4分)这些方法对学生的学习起到什么作用?(6分)

(2)请分析邹老师布置学习任务的意图。(10分)

20. 案例：

在准备第一章《网络的组建与运行》的阶段测试题时，对于局域网基本拓扑结构这一知识点，王老师与李老师分别设计了如下题目。

王老师的题目：

(单选)1. 以交换机为中央节点，其他计算机都与该中央节点相连接的拓扑结构是(　　)

A. 环型结构　　B. 总线型结构　　C. 星型结构　　D. 树型结构

李老师的题目：

(单选)1. 某大型超市中的几台收银机突然同时发生了网络故障，无法提供收银服务，服务员很抱歉地请排队等候的顾客移至其他正常工作的收银台完成付款。据此可以推断，这个大型超市当中收银台网络互连的拓扑结构有可能属于(　　)

A. 环型结构　　B. 总线型结构　　C. 星型结构　　D. 树型结构

问题：

(1)请从布鲁姆教育目标分类的角度，写出两位老师测试题目考查的目标层次。(10 分)

(2)在不更改题目描述情境的前提下，请修改李老师的题目，使其更加科学严谨。(10 分)

四、教学设计题(本大题共 1 小题，共 35 分)

21. 阅读材料，根据要求完成教学设计。

信息技术实验课是学生亲身实践与操作，习得、强化专项技能，提高解决问题、创新思维与实践能力的有效教学形式之一。

“双机互连”是高中信息技术教材中《组建局域网》单元中的一节，此前学生学习了网络传输介质、连接设备、拓扑结构、网络协议及 IP 地址、子网掩码、网关等参数设置的网络基础知识，掌握了网线的类型与制作方法，并制作了各类网线。本节实验课的目的是：学生了解组建小型局域网的基本步骤，学会网络连接、设置、调试以及故障排除的基本技能和方法，实现资源共享，通过有线方式组建局域网实验，培养学生联系生活分析问题和解决问题的实践能力。

可供选择的实验设备如右图所示：

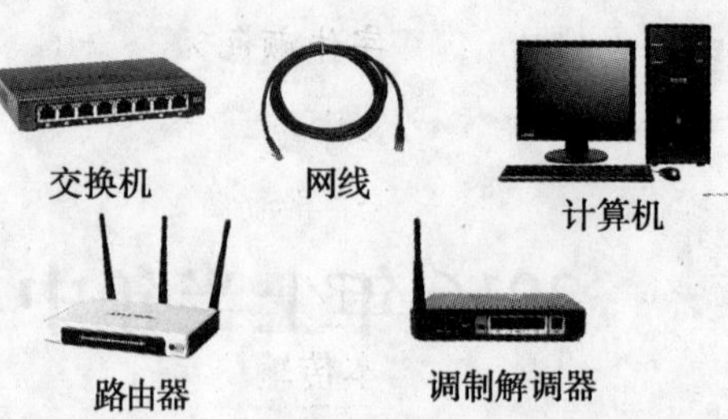

教学方法：实验教学

教学对象：高中二年级学生

教学场地：信息技术实验室

教学用时：1 课时(45 分钟)

依据上述材料，完成下列任务：

(1)设计一种“双机互连”的网络组建方案，绘制出网络拓扑图(7 分)；结合设计方案，选择所需要的实验设备，并说明数量及要求，参照表 1 中序号 1 的示例表述，将表 1 填写完整。(8 分)

表 1　实验设备或器材清单

序号	实验设备名称	数量及要求
1	计算机	已安装好 Windows XP 以上系统和网卡的计算机，每组 2 台
2		
3		

(2)请参照表 2 中实验过程栏目的示例表述，设计实验报告中实验过程的步骤和活动。(20 分)

表 2 《双机互连》实验报告

<table>
<tr><td>实验名称</td><td colspan="6">双机互连</td></tr>
<tr><td>班级</td><td>高二(3)班</td><td>组长名称</td><td>王兰</td><td></td><td>小组成员</td><td>李军等 5 人</td></tr>
<tr><td>实验目的</td><td colspan="6">1. 了解组建小型局域网的基本步骤
2. 学会网络连接、设置、调试以及故障排除的基本技能和方法</td></tr>
<tr><td>实验设备</td><td colspan="6">(供选择)交换机、网线、计算机</td></tr>
<tr><td>实验过程</td><td colspan="6">1.(示例)小组讨论，设计网络拓扑图，画在下面：
2.
3.</td></tr>
<tr><td>实验结论</td><td colspan="6"></td></tr>
<tr><td>实验总结</td><td colspan="6"></td></tr>
</table>

2016 年上半年中小学教师资格考试真题试卷

《信息技术学科知识与教学能力》(高级中学)

注意事项：

1. 考试时间为 120 分钟，满分为 150 分。
2. 请按规定在答题卡上填涂、作答。在试卷上作答无效，不予评分。

一、单项选择题(本大题共 15 小题，每小题 3 分，共 45 分)

在每小题列出的四个备选项中只有一个是符合题目要求的，请用 2B 铅笔把答题卡上对应题目的答案字母按要求涂黑。错选、多选或未选均无分。

1. 双击打开某 PowerPoint 演示文稿时，系统弹出如右图所示的对话框，出现这种情况的原因可能是(　　)

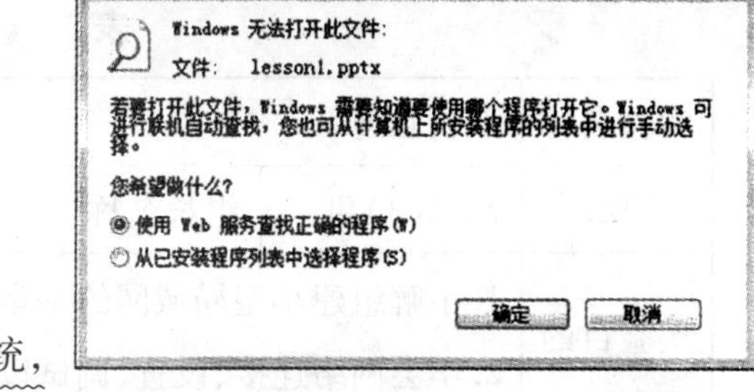

A. 该演示文稿文件过大

B. 该计算机的操作系统版本低

C. 该计算机没有安装 PowerPoint 软件

D. 该演示文稿中链接的相关视频、声音等文件丢失

2. 2015 年夏，颜某侵入我国某重要科研部门的信息系统，将获得的有关信息在个人的微信朋友圈中传播以炫耀自己才能，造成严重影响。依据《刑法》第二百八十五条规定：“违反国家规定，侵入国家事务、国防建设、尖端科学技术领域的计算机信息系统的，处三年以下有期徒刑或者拘役。”颜某受到了惩处。针对颜某的这种行为，下列说法正确的是(　　)(常考)

A. 属于网络自由，不应处罚

B. 是个人兴趣爱好，不应处罚

C. 侵入国家重要的信息系统，应依法惩处

D. 信息只在个人微信朋友圈中传播，属于个人隐私

3. 某台计算机的 TCP/IP 属性设置如图所示，下列 IP 地址中可能是其默认网关地址的是(　　)(易错)

◉ 使用下面的 IP 地址(S):
IP 地址(I): 192 . 168 . 1 . 10
子网掩码(V): 255 . 255 . 255 . 0
默认网关(D): . . .

A. 192.168.1.1　　B. 192.168.2.1

C. 192.168.252.1　　D. 192.168.255.1

4. 以幻灯片浏览视图方式查看某 PowerPoint 文档(如图所示)，可以看出该文档的第二页幻灯片(　　)

1	2	3
教师资格证考试	考试要求 考试要求1 考试要求2 考试要求3 考试要求4	考试内容 考试内容1 考试内容2 考试内容3 考试内容4

A. 设置了超链接　　B. 被隐藏，播放时不显示

C. 设置了 2 秒的切换效果　　D. 设置了 2 秒的排练计时

5. 在下列教学媒体中，同时具备画图、书写、编辑、页面操作等功能的媒体是(　　)

A. 幻灯机　　B. 投影仪

C. 液晶电视机　　D. 交互式电子白板

6. 下图所示的是使用电子地图查询到的某城市某区域当前的实时路况，这主要体现了信息具有(　　)

A. 多样性　　B. 时效性　　C. 广泛性　　D. 可识别性

7. 视频文件被编辑后的输出界面如图所示，下列说法正确的是(　　)

A. 该视频文件的传输速率为 652KB/s

B. 该视频文件的传输速率为 81.5KB/s

C. 每秒钟的视频所需存储空间为 3.44MB

D. 存储该视频需要磁盘空间大小为 16.21GB

设置详细信息
文件类型Windows Media Video (wmv)
比特率：652kbps
显示大小：320*240px
纵横比：4:3
每秒帧数：25

电影文件大小
估计所需空间：
3.44MB
驱动器C：上估计的可用磁盘空间16.21GB

8. 用 Access 软件编辑“学生信息”数据表，其数据表结构的主要信息如右图所示。与该表结构相符的数据表是(　　)(易混)

字段名称	数据类型
编号	自动编号
姓名	文本
年龄	数字
性别	文本
出生日期	日期/时间
是否党员	是/否

A.

编号	姓名	年龄	性别	出生日期	是否党员
1	李天睿	23	男	1992/10/21	☑
2	张海英	22	女	1993/9/10	☐
3	魏择海	22	男	1993/4/12	☐

B.

编号	姓名	年龄	性别	出生日期	是否党员
1	李天睿	23	☑	1992/10/21	是
2	张海英	22	☐	1993/9/10	否
3	魏择海	22	☑	1993/4/12	否

C.

编号	姓名	年龄	性别	出生日期	是否党员
1	李天睿	￥23.00	Yes	1992/10/21	是
2	张海英	￥22.00	No	1993/9/10	否
3	魏择海	￥22.00	Yes	1993/4/12	否

D.

编号	姓名	年龄	性别	出生日期	是否党员
第一	李天睿	23	男	1992/10/21	☐
第二	张海英	22	女	1993/9/10	☐
第三	魏择海	22	男	1993/4/12	☐

9. 某 Excel 文件中的部分数据如图所示。剪切 F3 单元格的内容，粘贴到 F6 单元格内，则公式编辑栏内显示的内容为(　　)(常考)

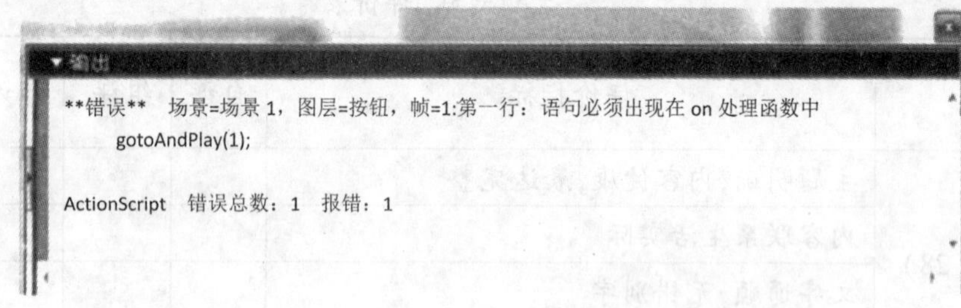
F3　=SUM(C3:E3)

	A	B	C	D	E	F
1	实验小学三年级2014-2015第二学期期末考试成绩					
2	学号	姓名	语文	数学	英语	总分
3	20121101	李铭雨	98	100	96	294
4	20121102	齐旭毅	91	89.5	84	
5	20121103	张芮姿	97	97	97	
6	20121104	苏岩	94	100	95	

A. 289　　B. 294　　C. =SUM(C3:E3)　　D. =SUM(C6:E6)

10. 测试某 Flash 作品时，弹出的错误提示窗口如图所示。修改动作脚本的正确做法是将“on”处理函数添加在(　　)

输出

错误　场景=场景 1，图层=按钮，帧=1:第一行：语句必须出现在 on 处理函数中

gotoAndPlay(1);

ActionScript　错误总数：1　报错：1

A. 按钮元件的动作脚本中　　B.“场景 1”场景中的第 1 帧

C.“按钮”图层的第 1 帧第 1 行　　D.“场景 1”场景中的第 1 帧第 1 行

11. 计算 s = 1 + 1/3 + 1/7 + 1/15 + ……的流程图如图所示，若要计算前 5 项的和，①处应该输入的判断条件是(　　)(易错)

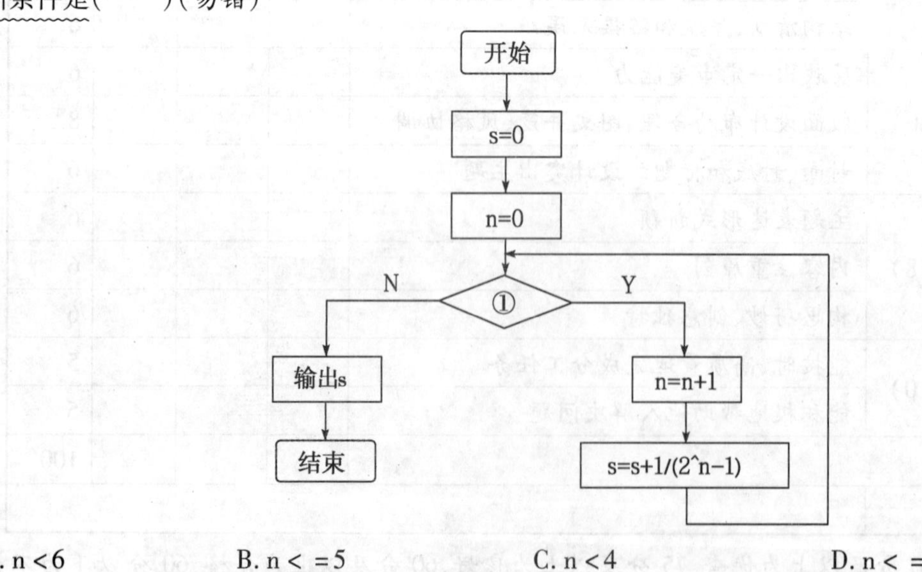

A. n<6　　B. n< =5　　C. n<4　　D. n< =4

12. 2015 年 10 月 14 日，机器人 Pepper(如图)现身杭州云栖大会。Pepper 被称为“情感机器人”，头部装有麦克风、摄像头和 3D 传感器，对人的表情、声调及喜怒等情绪均可识别，并且可根据人的情绪进行反应。该技术主要应用了(　　)

A. 人工智能　　B. 全息成像

C. 虚拟现实　　D. 虚拟仿真

13. 使用 Photoshop CS5 处理图片时，图层面板从左图到右图所执行的操作是(　　)

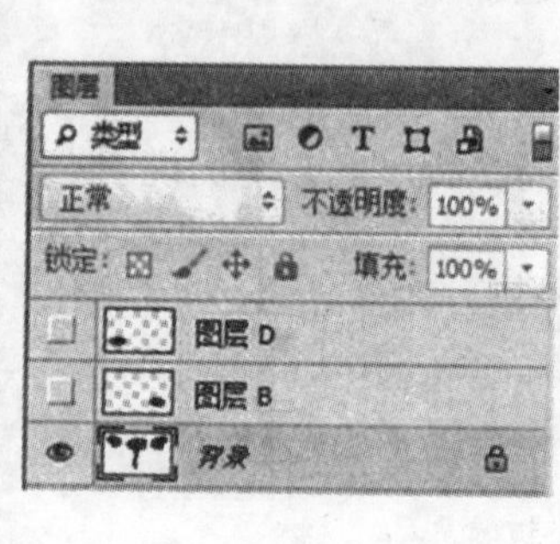

A. 向下合并　　B. 图层编组

C. 拼合图像　　D. 合并可见图层

14. 一副大小为“160×120”(单位：像素)的图片，嵌入源代码如图所示的网页，浏览该网页时，图片显示大小是(　　)

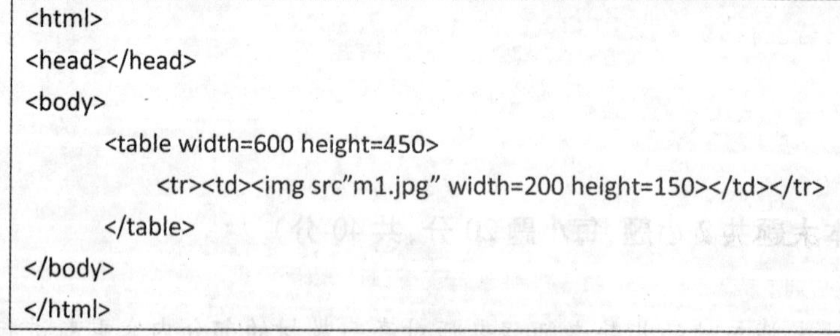

```
<html>
<head></head>
<body>
    <table width=600 height=450>
        <tr><td><img src"m1.jpg" width=200 height=150></td></tr>
    </table>
</body>
</html>
```

A. 160×120　　B. 200×150

C. 600×450　　D. 800×600

15. 一个带符号数的 8 位二进制补码为 10011111，其对应的十进制数为(　　)(易混)

A. −31　　B. −57

C. −97　　D. −124

二、简答题(本大题共 3 小题，每小题 10 分，共 30 分)

16. 某市实施居民生活用电阶梯电价制度，电价表见下表，请用你熟悉的程序设计语言编写一段程序，计算某家庭在本年度已经使用了 x 千瓦时电量时的电费。

某市居民生活用电电价表		
	分档电量(千瓦时/户·年)	电价标准(元/千瓦时)
一档	1~2880(含)	0.4883
二档	2881~4800(含)	0.5383
三档	4800 以上	0.7883

17. 请简要回答什么是演绎推理,并举例说明。

18. 请简要回答教师在进行课堂教学时,什么情况下采用小组合作学习为宜。(易错)

三、案例分析题(本大题共 2 小题,每小题 20 分,共 40 分)

19. 案例:

实习教师林老师与她的指导老师程老师对高一教材的部分内容重新进行了组织,设计了一个"我的悠长假期——电子相册制作"的学习任务,该学习任务的完成需要 10 个课时,第 1~2 课时学习摄影常识,第 3~6 课时学习 Photoshop 图像处理,第 7~9 课时学习音视频处理,第 10 课时学习电子相册集成。本节是图像处理的第 2 课时,课上林老师首先为同学们带来了一个"制作证件照"的范例,讲解示范了如何利用"图层""快速选择""裁剪"和"颜色填充"等工具制作证件照,同学们对这节课的内容很感兴趣,可是下课时有几位同学走近林老师,问道:"老师,电子相册中需要有证件照吗?"林老师很自然地回答道:"不需要,但这个内容很实用,又正好能用得上裁剪、快速选择等工具,所以就给大家安排了这个任务。"林老师的指导老师程老师将这一切看在眼里,在自己的听课记录本上对课题"制作证件照"画上了一个大大的问号。

问题:

(1)从完整的信息处理过程的角度,分析林老师是怎样设计"电子相册制作"的学习内容的?(10 分)

(2)"制作证件照"内容具有实用性,但与"电子相册制作"学习任务的关联不紧密。你认为应该如何处理这部分教学内容?(10 分)

20. 案例:

在教授"网页制作"单元时,陈老师采取主题学习的方式进行教学。在单元结束时,要求学生分组完成一个主题网站的作品,这是一项综合性的学习任务。陈老师根据本单元的教学目标,从"主题内容、技术应用、艺术表现、设计创意和团结协作"几方面进行评价,接着她细化了每个评价项目中的具体评价指标(见下表)。

"主题网站"评价表

项目	评价指标	自评	组评	师评	分值
主题内容(28)	主题明确,内容健康,表达完整				10
	内容联系生活实际				5
	文字通顺,无错别字				5
	非原创素材及内容注明来源和出处				8
技术应用(24)	选用恰当的制作软件				9
	技术运用准确,适当				9
	结构清晰,导航和链接无误				6
艺术表现(20)	反映出一定审美能力				6
	版面设计布局合理、图文并茂、风格协调				8
	封面、封底和标题的设计突出主题				6
设计创意(18)	主题表达形式新颖				6
	内容注重原创				6
	构思巧妙、创意独特				6
团结协作(10)	能按时、高质量地完成分工任务				5
	能积极地帮助他人解决问题				5
合计					100
总分					

注:①总分 90 分及以上为优秀、75 分及以上为良好、60 分及以上为合格、60 分以下为不合格。

②总分 = 自评 ×20% + 组评 ×30% + 师评 ×50%。

随后,陈老师将评价表发送到各个小组,让他们开始设计与制作各自的作品。下图是 A 小组根据评价表进行设计、制作的网页作品。

问题:

(1)参与本次评价的主体有哪些?(3 分)采用这样的评价方式的优点是什么?(7 分)

(2)请利用评价表对 A 小组学生的作品从“艺术表现”方面完成“师评”并说明理由。(10 分)

四、教学设计题(本大题共 1 小题,共 35 分)

21. 请阅读下列材料:

韩老师正在备课,课题是高中信息技术《网络安全》。学生通过本节课的学习,了解网络应用中存在的安全隐患,关注网络安全方面的问题,梳理安全用网的意识,养成规范用网的习惯。

下面是韩老师结合本节课教学内容搜集到的两份资料。

资料 1:(案例)一天,中国保险公司分公司某领导办公室的电话骤然响起,该公司电脑部的一位工作人员紧张地报告:“有人侵入了我公司数据库,部分关键数据被修改,保单缴费额异常。”公司领导闻讯后立即组织人员进行技术分析,确认有人更改了部分关键数据。该公司立即停止了电脑系统的远程登录服务功能,对系统的用户密码进行了更改、实行各部门操作密码专人保管的临时措施。同时,公司领导决定向公安机关报案。

资料 2:计算机网络安全是指网络系统的硬件、软件及其系统中的数据受到保护,不受偶然或者恶意的原因而遭到破坏、更改、泄露,系统连续、可靠、正常地运行,网络服务不中断。一般而言,它包括:运行的网络操作系统安全、网络上系统信息的安全、网络上信息传播的安全、网络上信息内容的安全。

教学对象:高中二年级学生

教学方式:讨论法

教学资源:教学课件、案例资料、课堂教学环境(有黑板、多媒体投影、活动桌椅等)见下图

教学用时:1 课时(45 分钟)

依据上述材料,完成下列任务:

(1)重新排列教室中的桌椅,使其适合本节课的教学方式,要求以图示呈现并说明排列意图。(8 分)

(2)根据韩老师查找的资料,设计 3 个引导学生讨论的题目,并说明设计意图。(9 分)

序号	讨论题目	设计意图
1		
2		
3		

(3)利用(1)所设计的学习环境,设计本节课小组讨论学习活动。(18 分)

机密★启封前　　　　　　姓名＿＿＿＿＿＿　准考证号＿＿＿＿＿＿

2015 年上半年中小学教师资格考试真题试卷

《信息技术学科知识与教学能力》(高级中学)

注意事项：

1. 考试时间为 120 分钟，满分为 150 分。
2. 请按规定在答题卡上填涂、作答。在试卷上作答无效，不予评分。

一、单项选择题(本大题共 15 小题，每小题 3 分，共 45 分)

在每小题列出的四个备选项中只有一个是符合题目要求的，请用 2B 铅笔把答题卡上对应题目的答案字母按要求涂黑。错选、多选或未选均无分。

1. 计算机网络已经成为信息时代广泛使用和十分重要的新型传播媒介，关于计算机网络的依法应用与采用实名制注册，下列说法正确的是(　　)

A. 限制了言语自由使用权限　　B. 提高了网络的安全性和规范性

C. 提高了网络的传输速率和信噪比　　D. 降低了网络的安全性和可操作性

2. 删除一条网帖，收费 400 至 800 元，短短 4 个月牟利 28 万余元。南京首例"黑客"有偿删帖案 2014 年 10 月 24 日在玄武区法院宣判；杭州一家电子公司技术总监周某获刑五年三个月，另一名参与者在校大学生谭某获刑五年。下列关于在校大学生谭某参与删帖的说法正确的是(　　)(常考)

A. 属于违法行为，应该予以惩处　　B. 属于个人兴趣爱好，并不违法

C. 这是大学生社会实践，并不违法　　D. 这是大学生勤工俭学，并不违法

3. 在 Windows 操作系统中，要查看系统中的隐藏文件，应在下图所示的"文件夹选项"对话框中选择(　　)

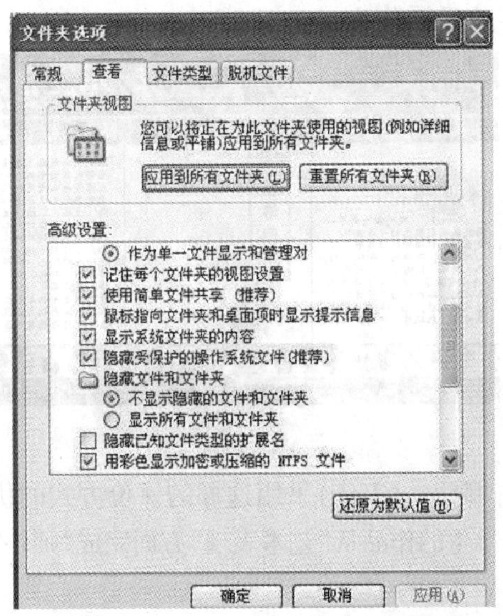

A. 显示系统文件夹的内容　　B. 显示所有文件和文件夹

C. 不显示隐藏的文件和文件夹　　D. 隐藏受保护的操作系统文件(推荐)

4. 十六进制数$(10)_{16}$减去十进制$(10)_{10}$，结果用二进制数表示是(　　)(易错)

A. $(0000)_2$　　B. $(0100)_2$　　C. $(0101)_2$　　D. $(0110)_2$

5. Word 排版的电子报刊样式如下图所示，下列选项中，未使用的是(　　)(易混)

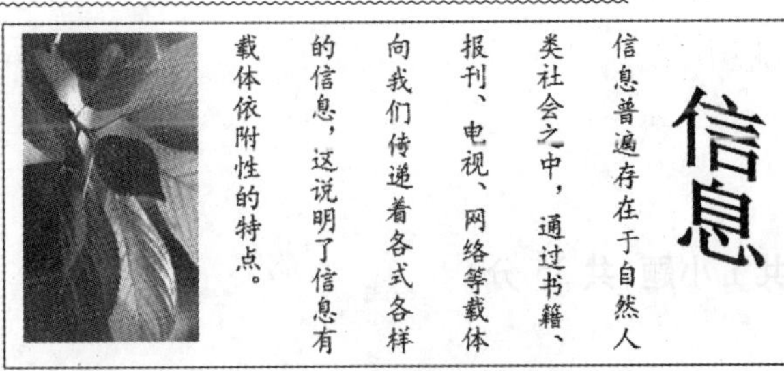

A. 图片　　B. 艺术字　　C. 自选图形　　D. 竖排文本框

6. 某平板电脑的主要参数如下表所示，关于该平板电脑，下列选项中不正确的是(　　)

操作系统	Android 3.1	系统内存	1GB
处理器	Nvidia Tegra 2 双核，1.2GHz	存储容量	16GB
屏幕描述	电容触摸屏、多点触摸屏	屏幕分辨率	1280×800
图片浏览	支持 JPEG、GIF、BMP 格式	网络模式	联通 3G(WCDMA)
音频格式	支持 MP3、AAC、AAC+、eAAC+、WMA、AMR 格式		

A. CPU 主频是 1.2GHz　　B. 实际可用存储空间是 16GB

C. 支持 WCDMA 方式上网　　D. 触摸屏既是输入设备也是输出设备

7. 如下图所示的流程图,当输入的值是 -5 时,输出的结果是(　　)(常考)

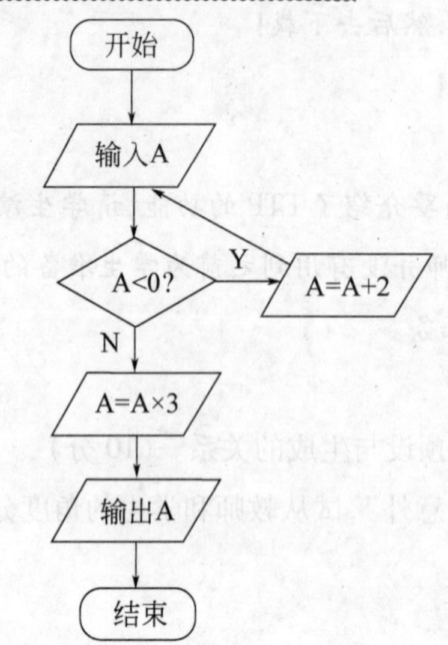

A. -9　　B. -3　　C. 0　　D. 3

8. 某电脑 TCP/IP 属性设置如图所示,导致该电脑无法访问因特网,更正的方法是(　　)(易混)

◉ 使用下面的 IP 地址(S):

IP 地址(I):	223 . 255 . 255 . 0
子网掩码(U):	192 . 168 . 10 . 8
默认网关(D):	192 . 168 . 10 . 1

A. IP 地址改为 192.168.10.8,子网掩码改为 255.255.255.0,其他不变

B. IP 地址改为 192.168.10.8,默认网关改为 255.255.255.0,其他不变

C. 子网掩码改为 192.168.10.1,IP 地址改为 255.255.255.0,其他不变

D. 子网掩码改为 192.168.10.1,默认网关改为 255.255.255.0,其他不变

9. 若要打印 PowerPoint 讲义,并要求该讲义的每页都有标题和页码,则应在如右图所示的菜单中选择(　　)

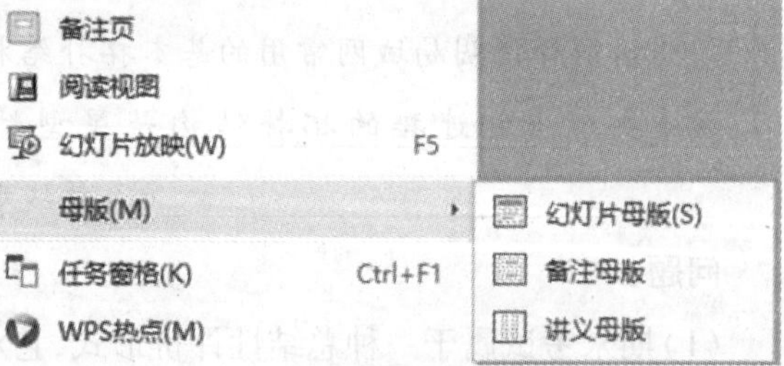

A. 备注页　　B. 备注母版

C. 讲义母版　　D. 幻灯片母版

10. 使用 Flash 软件制作的某实例的属性面板如右图所示,下列说法正确的是(　　)

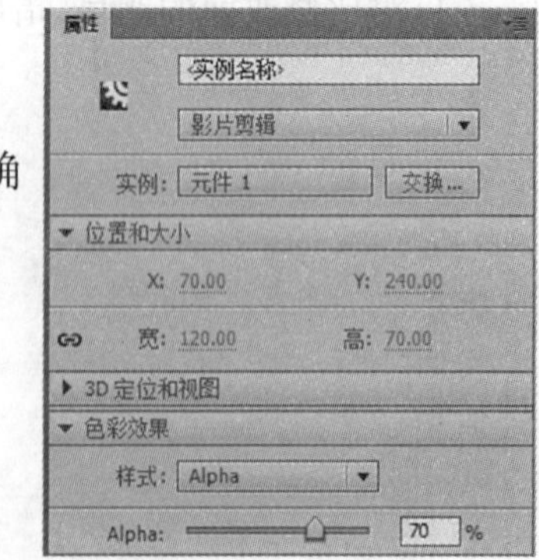

A. 类型是"图形"

B. 名称是"交换..."

C. 宽是 120,高是 240

D. 颜色 Alpha 值是 70%

11. 下列关于数据库描述不正确的是(　　)

A. SQL Server 是数据库管理系统　　B. 同一数据库可以被多个用户共享

C. Access 数据库只能包含一张数据表　　D. 数据库管理系统可以创建、维护数据库

12. 在机器人足球比赛中,机器人通过自身的摄像系统拍摄现场图像,分析双方球员的位置、运动方向以及球门的距离和角度等信息,然后决定下一步的行动,这说明足球机器人(　　)

A. 采用了人工智能技术　　B. 采用了虚拟仿真技术

C. 具有和人完全相同的智能　　D. 具有逻辑判断和形象思维能力

13. 设计和开发主题网站的一般过程是(　　)

A. 确定主题—选择开发工具—网站规划—需求分析—网站制作—发布测试

B. 确定主题—选择开发工具—网站制作—需求分析—网站规划—发布测试

C. 需求分析—确定主题—网站规划—选择开发工具—网站制作—发布测试

D. 需求分析—网站制作—确定主题—网站规划—选择开发工具—发布测试

14. 若要在 Excel 中生成如左下图所示的饼图,需要在下面右图中选中选项(　　)

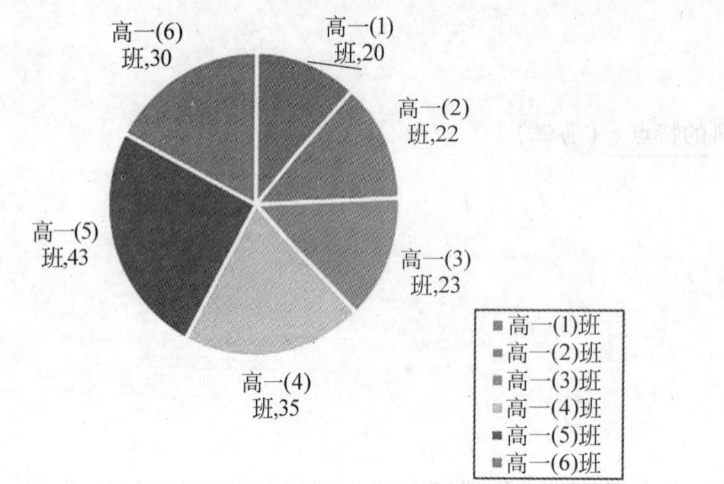

设置数据标签格式
标签选项
数字
填充
边框颜色
边框样式
阴影
发光和柔化边缘
三维格式
对齐方式
标签选项
标签包括
系列名称(S)
类别名称(G)
值(V)
百分比(P)
显示引导线(H)
重设标签文本(B)
标签位置
居中(C)
数据标签内(I)
数据标签外(O)
最佳匹配(F)
标签中包括图例项标示(L)
分隔符(E)

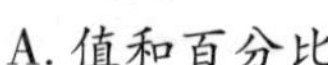

A. 值和百分比　　B. 类别名称和值

C. 类别名称和百分比　　D. 系列名称和类别名称

15. 在图像加工处理软件中,利用色阶对话框检视图像时,如果出现如下图所示的色阶分布,则表示该图像(　　)(易错)

A. 影调偏暗　　B. 拍摄时曝光太多

C. 色彩饱和度太高　　D. 色彩饱和度太低

二、简答题(本大题共 3 小题,每小题 10 分,共 30 分)

16. 给定两个正整数 $m=630$ 和 $n=675$,利用辗转相除法,求它们的最小公倍数。(易错)

17. 请简要回答防火墙的基本功能。(常考)

18. 请简要回答高中信息技术学科的特点。(易混)

三、案例分析题(本大题共 2 小题,每小题 20 分,共 40 分)

19. 案例:

在进行"多途径下载文件"单元的教学时,李老师准备了学生学习的资料。课前在多媒体网络教室,李老师使用电子教室软件将学生学习资料从教师机分发到学生机时突然出现"意外",文件传输到 60% 就停止了,尝试了几次都没有成功。经过检查发现,网络连接正常,原来是电子教室软件分发功能出现异常。这时上课铃声响起,"怎么办?"李老师急中生智,根据他对这个班学生的了解,如果把问题交给学生,既符合本课主题,又能完成教学任务。

于是,李老师上课时向学生说明了情况,提出了问题:"在有网络的情况下如何共享下载资料?"随后请学生给出建议。学生纷纷献计献策。

生 1:李老师,可以通过网上邻居共享。

李老师:好,那你来演示一下吧。

生 2:可以通过 FTP 下载,还可以用 QQ 传递!

生 3:可以先上传到论坛上,然后去下载!

生 4:还可以发电子邮件啊!

……

接下来的课堂中,李老师简要介绍了 FTP 的功能,请学生演示了 FTP 下载资料的方法。学生还分组尝试了其他方法。李老师并没有用到之前为学生准备的资料,但围绕着"文件的下载"这样一个主题,也顺利完成了教学任务。

问题:

(1)结合教学片段,试分析课堂预设与生成的关系。(10 分)

(2)李老师恰当地处理了课堂"意外",试从教师和学生的角度分析其成功的原因。(10 分)

20. 案例:

王老师准备进行高一上学期的期末考试。其中,王老师出了一道考查学生是否理解网络基本拓扑结构的题目,开始的时候设计如下。

局域网常用的基本拓扑结构有总线型、__________和__________。

在重新审题的过程中,王老师将此题做了如下修改。

请解释说明局域网常用的基本拓扑结构,例如交换机或主机等为中央节点,其他计算机都与该中央节点相连接的拓扑结构是星型结构,____________________是环型结构,____________________是总线型结构。

问题:

(1)期末考试属于一种总结性评价形式,它对教师和学生分别具有什么作用?(10 分)

(2)对比修改前的题目,指出修改后题目的优点。(10 分)

四、教学设计题(本大题共1小题,共35分)

21. 请阅读下列材料:

近年来,一些中学信息技术老师开始尝试使用微课来辅助学生的信息技术学习。微课是围绕某一个教学知识,以教学视频为表现形式的微型课程。下面是某教师关于"信息的基本特征"微课的教学设计,主要过程是教师围绕"信息的基本特征"这个知识点进行讲解、举例并布置任务。

教学内容:信息的基本特征。

教学对象:高一学生,已经学习了信息和信息社会的相关内容。

教学目标:(1)知道信息的基本特征。

(2)能够举例说明信息的基本特征。

部分教学素材:

(1)《三国演义》中的"空城计"故事。

(2)英国文学家萧伯纳:"你有一个苹果,我有一个苹果,我们彼此交换,每人还是一个苹果。你有一个思想,我有一个思想,我们彼此交换,每人有两个思想。"

(3)相传某年春节期间郑板桥路过一户人家,门上写着一副对联,上联是"二三四五",下联是"六七八九",横批是"南北",很多过路人看了不解其意,只有郑板桥明白了这户人家"缺衣少食,缺少东西",随后亲自送去了年货。

根据上述材料,完成下列教学设计任务。

(1)请将下列教学素材与教学内容用连线进行匹配。(12分)

教学素材(1)	信息的传递性
	信息的共享性
教学素材(2)	信息的载体依附性
	信息的价值相对性
教学素材(3)	信息的真伪性
	信息的可处理性
	信息的时效性

(2)请结合教学设计,将下列微课制作脚本补充完整。(23分)

微课名称	信息的基本特征
微课时间	5分30秒以内
知识来源	学科:信息技术;年级:高一年级;教材:* *出版社高一信息技术上册
教学类型	■讲授型 □研讨型 □探究实验型 □其他
录制方法	■PPT+录屏 □手写板+录屏 □纸笔+手机 □其他

续表

教学视频录制过程				
视频序列	主要内容	视频画面	解说词(简略)	录制时间
一、片头	课题:信息的基本特征	第1张PPT	(配乐)无解说词	5秒左右
二、新课导入	图片组合+课程标题	第2张PPT	在信息社会中,信息渗透在我们生活中的每一个领域。那么信息有什么基本特征呢?	10秒左右
三、知识讲授	第一点,传递性	第3张PPT	第一,信息具有传递性	45秒内
	举例(1):APEC会议的网络与电视新闻报道	第4张PPT	①________	45秒内
	举例(2):②________	第5张PPT	(略)	45秒内
	第二点,共享性,举例(略)	第6~7张PPT	(略)	45秒内
	第三点,价值相对性,举例:③________	第8~9张PPT	信息作为一种特殊的资源,具有相应的使用价值。信息使用价值的大小是相对的,它取决于④________,我们这个例子说的就是这个道理	25秒左右
	第四点,真伪性 第五点,可处理性 第六点,时效性 分别举例(略)	第10~15张PPT	(略)	1分35秒左右
四、总结	学习信息基本特征的价值	第16张PPT	课后了解信息的基本特征,有利于我们利用信息的基本特点,有效地获取、利用信息……	15秒左右
五、⑤________	思考题	第17张PPT	最后,我给同学们留一个思考题,题目是这样的:⑥________	15秒左右

机密★启封前　　　　　　　　　　　　　　　　姓名＿＿＿＿＿＿　准考证号＿＿＿＿＿＿

教师资格考试预测试卷(一)

《信息技术学科知识与教学能力》(高级中学)

注意事项：

1. 考试时间为120分钟,满分为150分。
2. 请按规定在答题卡上填涂、作答。在试卷上作答无效,不予评分。

一、单项选择题(本大题共15小题,每小题3分,共45分)

在每小题列出的四个备选项中只有一个是符合题目要求的,请用2B铅笔把答题卡上对应题目的答案字母按要求涂黑。错选、多选或未选均无分。

1. 人口普查时,社区工作人员逐户上门登记人口信息的过程属于(　　)

A. 信息采集　　B. 信息编码

C. 信息发布　　D. 信息交流

2. 下列有关信息的说法,正确的是(　　)

A. 信息也像物质和能量一样会产生损耗

B. 同一个信息内容只能采用一种表达方式

C. 信息可以脱离它反映的事物被传播,在某些时刻信息可以不需要依附载体

D. 杀毒软件只有及时更新病毒库才能查杀新的病毒,主要体现了信息具有时效性

3. 在Windows操作系统的回收站中,只能恢复(　　)

A. 从软盘中删除的文件或文件夹

B. 从硬盘中删除的文件或文件夹

C. 剪切掉的文档

D. 从光盘中删除的文件或文件夹

4. 使用Word软件编辑某文档,部分界面如下图所示。下列说法正确的是(　　)

A. 图片的环绕方式为“嵌入型”

B. 文档中有2处修订,2处批注

C. 批注的内容是“来一场温暖的对话”

D. 修订前,第三行文字是“让光线穿过指尖,来一场温暖的对话。”

5. 如下图所示,欲求出各位同学三科的平均分,则在E2处可以先填公式(　　),再通过下拉方式填充其他单元格。

E2　　f_x

	A	B	C	D	E
1	姓名	数学	语文	英语	平均分
2	张明	90	88	83	
3	李林	85	88	85	
4	周诺	80	87	82	
5	罗伊	80	85	72	
6	王超	92	72	80	

A. =AVERAGE(B2,C2,D2)　　B. =AVERAGE(B2、C2、D2)

C. =AVERAGE(B2|C2|D2)　　D. =AVERAGE(B2 C2 D2)

6. 如下图所示的算法流程,依次输入x的值为2,3,0后,输出结果为(　　)

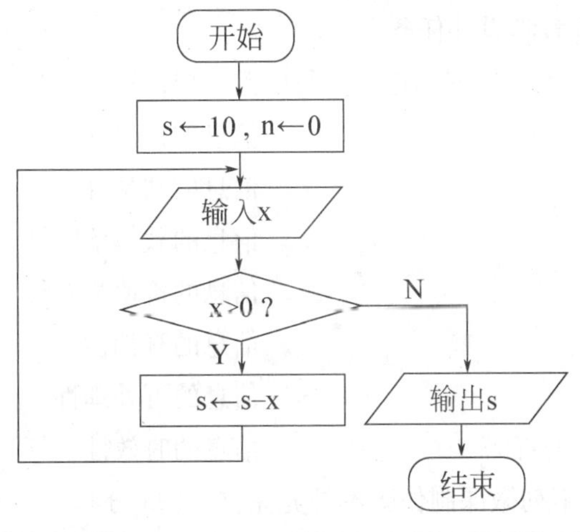

A. 0　　B. 2　　C. 3　　D. 5

7. 在计算机网络中,100Base－T的物理含义为(　　)

A. 采用光纤和基带传输,速率100Mbps

B. 采用光纤和宽带传输,速率100Mbps

C. 采用双绞线和基带传输,速率100Mbps

D. 采用双绞线和宽带传输,速率100Mbps

8. 在下列关系表达式中,结果为“假”的是(　　)

A. $2^0<2$　　B. (5<3)or(6<9)

C. (3!=4)>2　　D. (5+6)>7

9. 下表所示的是采用不同参数录制的 30 秒音频信息,下列选项正确的是(　　)

序号	编码标准	采样频率	量化位数	声道
①	PCM	22.050 kHz	8 位	单声道
②	PCM	22.050 kHz	16 位	双声道
③	PCM	44.100 kHz	8 位	单声道
④	PCM	44.100 kHz	16 位	双声道

A. ①比③的音质好　　B. ④比①的音质好

C. ②比①的存储容量小　　D. ③比④的存储容量大

10. 如下图所示的 Flash 作品时间轴窗口,完整播放当前场景需要的时间约为(　　)

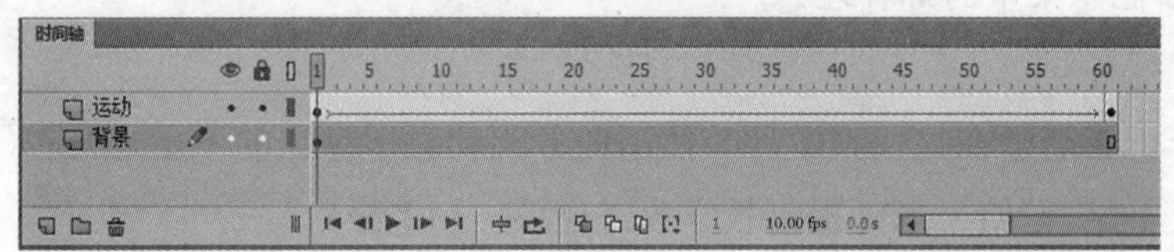

A. 6 秒　　B. 10 秒　　C. 12 秒　　D. 60 秒

11. 微软的手机产品能让用户通过声音启动语音助手 Cortana,查询新闻、天气及日程信息,这种服务主要运用了(　　)

A. 机器翻译技术　　B. 手写文字识别技术

C. 语音识别技术　　D. 光学字符识别技术

12. 十六进制数 10H 减去十进制数 10D,结果用二进制数表示为(　　)

A. 0000B　　B. 0110B

C. 0100B　　D. 0101B

13. 在 Photoshop 中选中"水"字形状的区域,如下图所示,在当前状态下,使用 RGB(255,0,0)颜色进行填充后,下列说法正确的是(　　)

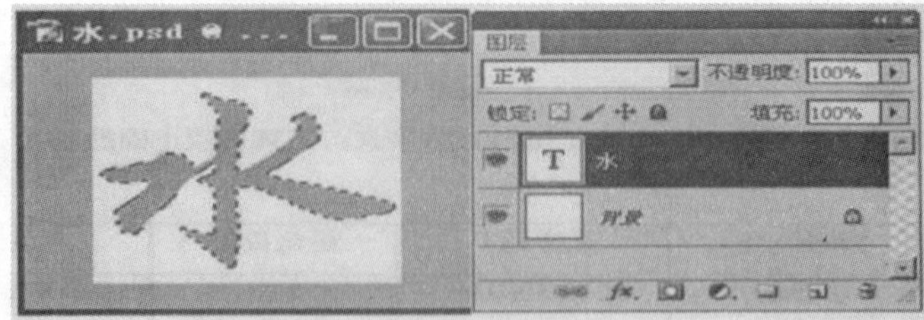

A. "水"图层中的"水"字区域变成蓝色

B. "水"图层中的"水"字区域变成红色

C. "背景"图层中产生红色"水"字图像

D. "背景"图层中产生蓝色"水"字图像

14. 产品数据表界面如下图所示,与数据表的结构对应的正确选项是(　　)

产品 : 表

产品ID	产品名称	单位数量	单价	库存量	中止
1	压缩饼干	每箱100包	¥30.00	66	☑
2	原味馍片	每箱50包	¥36.00	72	☐
(自动编号)			¥0.00	0	☐

记录: 2 共有记录数: 2

A.

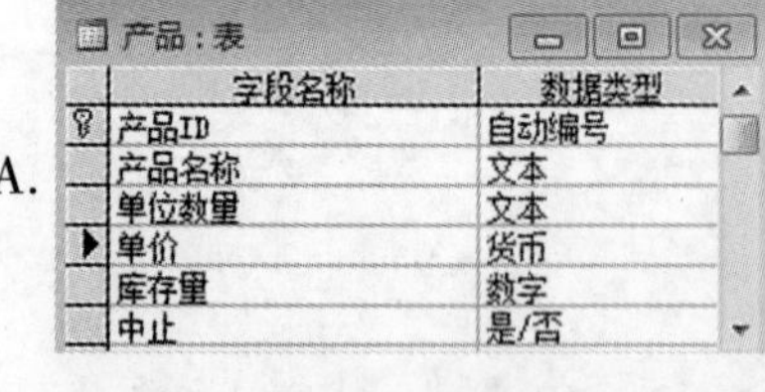
产品 : 表

字段名称	数据类型
产品ID	自动编号
产品名称	文本
单位数量	文本
单价	货币
库存量	数字
中止	是/否

B.

产品 : 表

字段名称	数据类型
产品ID	自动编号
产品名称	文本
单位数量	货币
单价	数字
库存量	数字
中止	是/否

C.

产品 : 表

字段名称	数据类型
产品ID	自动编号
产品名称	文本
单位数量	货币
单价	数字
库存量	数字
中止	文本

D.

产品 : 表

字段名称	数据类型
产品ID	自动编号
产品名称	文本
单位数量	货币
单价	数字
库存量	数字

15. 在 TCP/IP 协议集中,TCP 与 UDP 协议运行在(　　)

A. 网络层　　B. 传输层　　C. 应用层　　D. 表示层

二、简答题(本大题共 3 小题,每小题 10 分,共 30 分)

16. 一只公鸡 5 块钱,一只母鸡 3 块钱,三只小鸡 1 块钱,100 块钱买到 100 只鸡。编程求公鸡、母鸡和小鸡各多少只。

17. 简述数据库中网状模型的优缺点。

18. 王老师在给高一学生上“因特网上信息的保存”一节课时，制定的一个教学目标为“通过对因特网的学习及应用，使学生熟练掌握保存网页、文字、图片及下载文件的方法”，请结合行为目标描述法的四要素将王老师描述的教学目标进行改写。

三、案例分析题（本大题共2小题，每小题20分，共40分）

19. 案例：

王老师觉得在信息技术课上采用任务驱动教学法教学效果较好，他给高一（2）班讲授“图像加工工具”时，在关于金山画王这部分内容的教学环节中，采用了这种教学法，主要教学过程如下：

王老师首先通过一个打开各种图片格式文件的实例，给同学们详细介绍了金山画王的主要特点、使用方法和注意事项；

王老师提出“任务”：请同学们使用金山画王打开计算机中不同格式的图片素材；熟悉金山画王软件。

5分钟后，王老师巡视学生的操作情况，发现有不少同学已经完成这项任务，其中一些同学还在玩小游戏或做其他事情，他所希望的“热火朝天”的学习景象并未出现，他觉得这部分内容的教学效果并不如他想象中的那样理想。

问题：

（1）请简要分析王老师在这一教学环节使用任务驱动教学存在的不足之处。（8分）

（2）针对以上不足，请给王老师提出教学改进建议。（12分）

20. 案例:

谢老师在进行"信息及其特征"的教学时,确定了下列教学目标:

·知识与技能:学生能理解信息的基本含义,理解并能辨别信息的基本特征;

·过程与方法:学生通过案例分析,增强分析问题的能力;

·情感态度与价值观:感受信息对人类社会的重要作用;激发对信息技术学科的学习兴趣。

根据上述目标,谢老师又设计了详细的课后作业:

观看"人类信息技术革命"视频,就如下问题选择一种软件工具(如:Word,PowerPoint 等)撰文,不少于300字:

·感受信息:你感受到哪些信息?至少列举5个。

·感受信息技术:你感受到哪些信息技术?至少列举3个。

·格式要求:①有封面页、标题、作者及时间;

②保存文件名为:学号、姓名、信息及其特征作业;

③以邮件附件形式发给老师,邮件主题:姓名、信息及其特征作业。

谢老师批阅了很多同学的作业后,发现有相当一部分同学为了美观,在 Word 文档或PowerPoint文件中插入大量的图片,而对信息与信息技术的感受却只有寥寥数语,有些"喧宾夺主",偏离了此课的教学目标。谢老师开始琢磨如何能明确作业的重点,让学生更好地把握学习目标。

问题:

(1)谢老师采用的表现性评价分别对学生和老师有什么作用?(10分)

(2)请帮助谢老师改进作业要求,使同学们能够把握学习目标。(10分)

四、教学设计题(本大题共1小题,共35分)

21. 阅读材料,根据要求完成教学设计。

魔棒工具是 Photoshop 中提供的一种比较快捷的抠图工具,对于一些分界线比较明显的图像,通过魔棒工具可以快速地将图像抠出,魔棒的作用是可以知道用户点的那个地方的颜色,并自动获取附近区域相同的颜色,使它们处于选择状态。本节在这一章中起到了承上启下的作用,主要学习三种选区工具及其应用,之前已经学习了选框工具和套索工具及其应用。本课通过学习使用魔棒工具创建选区,让学生学会根据图像需要选择合适的工具进行选区创建。选区工具的应用是 Photoshop 学习的基础,也为后面图像的修饰做好铺垫。它的教学效果将直接影响到后面的学习。

学生已经熟悉了 Photoshop 的界面和工具栏,选框和套索工具的学习,让学生理解了创建选区的作用和意义,学生们都跃跃欲试,想通过学习创造自己的作品,这为学好 Photoshop 软件奠定了基础。

教学对象:高中一年级学生

教学环境:多媒体网络教室

教学用时:1课时(45分钟)

依据上述材料,完成下列任务:

(1)描述本节课的教学目标。(15分)

(2)设计本节课的重难点。(10分)

(3)为本节课设计一个导入过程。(10分)

机密★启封前　　　　　　　　　　　　　　姓名__________　准考证号__________

教师资格考试预测试卷（二）

《信息技术学科知识与教学能力》（高级中学）

注意事项：

1. 考试时间为 120 分钟，满分为 150 分。
2. 请按规定在答题卡上填涂、作答。在试卷上作答无效，不予评分。

一、单项选择题（本大题共 15 小题，每小题 3 分，共 45 分）

在每小题列出的四个备选项中只有一个是符合题目要求的，请用 2B 铅笔把答题卡上对应题目的答案字母按要求涂黑。错选、多选或未选均无分。

1. 小明在登录网银时需要输入手机短信验证码，这主要体现了信息的（　　）

A. 时效性　　B. 可以加工和处理

C. 普遍性　　D. 载体依附性

2. 获取信息的一般过程是（　　）

A. 选择信息来源、定位信息需求、确定信息获取方法、评价信息

B. 评价信息、定位信息需求、选择信息来源、确定信息获取方法

C. 确定信息获取方法、定位信息需求、选择信息来源、评价信息

D. 定位信息需求、选择信息来源、确定信息获取方法、评价信息

3. 根据《中华人民共和国网络安全法》的相关规定，下列关于组织和个人行为的说法不正确的是（　　）

A. 不得从事非法侵入他人网络、干扰他人网络正常功能的活动

B. 不得从事窃取网络数据等危害网络安全的活动

C. 不得提供专门用于从事侵入网络、干扰网络正常功能的程序和工具

D 不得向任何人提供广告推广、支付结算、技术支持等帮助

4. 学校通过邮箱 wzzx@163. com 给某学生家长的邮箱 4272242@ qq. com 发送了一封电子邮件，在家长未收取该邮件时，则该电子邮件将（　　）

A. 退回到发件人的邮箱　　B. 保存在 qq. com 邮件服务器上

C. 保存在家长电脑或移动终端上　　D. 不断自动重发，直到该家长收取该邮件

5. 一个车间有多名工人，而每个工人只能在一个车间工作，车间与工人之间的关系是（　　）

A. 一对一　　B. 一对多　　C. 多对一　　D. 多对多

6. 在 Flash 中，制作（　　）时，需要在动画的每一帧中创建不同的内容，播放动画时，Flash 会显示每一帧中的内容。

A. 形状补间动画　　B. 传统补间动画

C. 逐帧动画　　D. 遮罩动画

7. 某学校的用电统计如下图所示，其中柱形图表示各科室一季度的用电情况对比，与此柱形图对应的数据源范围是（　　）

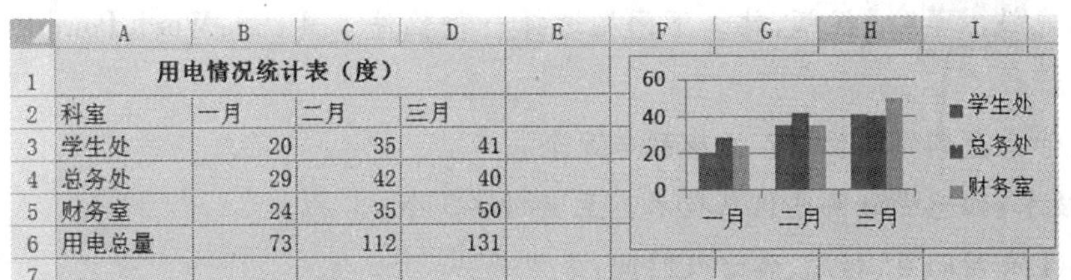

	A	B	C	D
1	用电情况统计表（度）			
2	科室	一月	二月	三月
3	学生处	20	35	41
4	总务处	29	42	40
5	财务室	24	35	50
6	用电总量	73	112	131
7				

A. A2: D5　　B. A2: E6　　C. B2: D5　　D. B2: E6

8. 某算法流程图如下图所示。当输入 x 的值为 100 时，输出 s 的值是（　　）

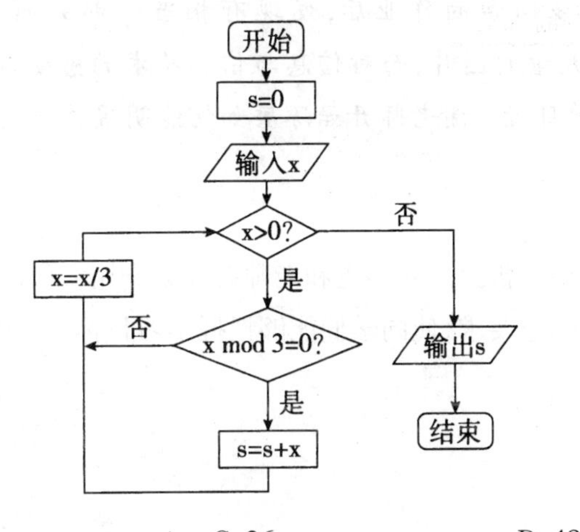

A. 44　　B. 33　　C. 36　　D. 48

9. 下列关于 IP 地址的说法，错误的是（　　）

A. 因特网上的每台主机至少有一个 IP 地址

B. 因特网上的每台主机有且只有一个 IP 地址

C. 每个 IP 地址占有 32 个二进制位

D. A 类 IP 地址所包含的主机数比 B 类 IP 地址多

10. DNS 服务器存放的是域名和（　　）

A 密码　　B. 用户名

C. IP 地址分类表　　D. IP 地址对照表

11. 若用 Photoshop 来处理某图的问题，将蛋壳修补完整，下列合适的工具是（　　）

A. 橡皮擦工具　　B. 仿制图章工具

C. 图案图章工具　　D. 颜色替换工具

12. 下面关于编译程序和解释程序的论述，正确的是(　　)

A. 编译程序和解释程序均能产生目标程序

B. 编译程序和解释程序均不能产生目标程序

C. 编译程序能产生目标程序，而解释程序不能产生目标程序

D. 编译程序不能产生目标程序，而解释程序能产生目标程序

13. 通过网络漫游故宫博物院，如身临其境般进入展区、观看展品，采用的是(　)

A. 流媒体技术　　B. 虚拟现实技术

C. 人工智能技术　　D. 模拟识别技术

14. 下列各组中，三个数值相同的是(　　)

A. $(203)_8$, $(10000011)_2$, $(83)_{16}$　　B. $(213)_8$, $(10010110)_2$, $(86)_{16}$

C. $(227)_8$, $(10111111)_2$, $(BF)_{16}$　　D. $(247)_8$, $(1010011)_2$, $(AB)_{16}$

15. 在教育部颁发的《普通高中技术课程标准》(2017 年版)(信息技术部分)中，有关课程的基本理念描述正确的是(　　)

A. 提高信息素养，培养信息时代的合格公民

B. 提升法律意识，培养遵纪守法的合格公民

C. 熟悉信息技术的应用环境，掌握网上发布信息的方法

D. 熟悉信息技术的基本特点，适应信息技术的发展变化

二、简答题(本大题共 3 小题，每小题 10 分，共 30 分)

16. 制作多媒体作品包含哪些基本环节？

17. 简述子网掩码的作用。

18. 简述《普通高中信息技术课程标准》(2017 年版 2020 年修订)中的基本理念。

三、案例分析题(本大题共 2 小题，每小题 20 分，共 40 分)

19. 案例：

杨老师准备上一堂“视频、动画信息的简单加工”课，以下面的思路展开教学：播放视频文件实例，给学生详细介绍 WMP 和超级解霸软件的使用方法、特点和注意事项。任务：学生用学生机上的 Windows Media Player 和超级解霸软件播放他提供的四种格式的文件素材，并请学生谈感受。将从光盘上采集视频文件的任务分为三个难易层次，但在布置任务时发现学生机只有 WMP 而无超级解霸软件。杨老师手足无措，乱了方寸，草草收场，沮丧地离开了教室。

问题：

(1)杨老师在教学中存在哪些不足？(8 分)

(2)如果上课时发生这种意外，你会怎么样处理？(12 分)

20. 案例：

孔老师在进行“制作名片”一课的教学时，通过给学生展示作品实例导入新课，接着逐步演示自选图形、文本框的插入和编辑以及格式设置的方法，同学们一步一步跟着进行操作，之后孔老师布置了如下任务：请同学们确定主题，制作名片。同时孔老师还提供了如下表所示的作品评价表。

“制作名片”评价表

	具体条目	学生自评	学生互评	教师评价
技术实现 35%	①文本框的插入与编辑；②自选图形的插入与编辑；③格式设置			
主题思想 35%	①信息（文字图片）美观与主题相关度；②信息（文字图片）表达的准确性			
版面设计 20%	①字体设计；②颜色搭配；③版面布置			
创新能力 10%	①技术实现；②主题思想；③版面设计			
总计				

张强同学是学校茶室负责人，他想制作一张名片宣传学校茶室，作品如图：

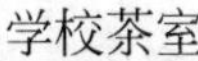

学校茶室

Add: 附中校园

Tel: XXX

E-mail: sdf2@163.com

QQ: XXX

了解茶文化
结识新朋友

问题：

(1)孔老师设计的作品评价表的优缺点是什么？（8 分）

(2)请从“主题思想”维度对张强同学的作品进行点评。（12 分）

四、教学设计题（本大题共 1 小题，共 35 分）

21. 请阅读下面材料：

“搜索引擎使用技巧”是某高中信息技术教材第二单元中的一节内容，教材中提供的主要搜索技巧有以下四种：①提炼搜索关键字；②强制搜索；③细化搜索条件；④使用逻辑符号组合搜索。

为了营造一种信息化的教学环境，郝老师制作了一个专题网站，该网站支持情境创设、信息获取、资源共享、自主探究、协作学习等多方面需求的教学方式和学习方式。网站栏目如图所示。

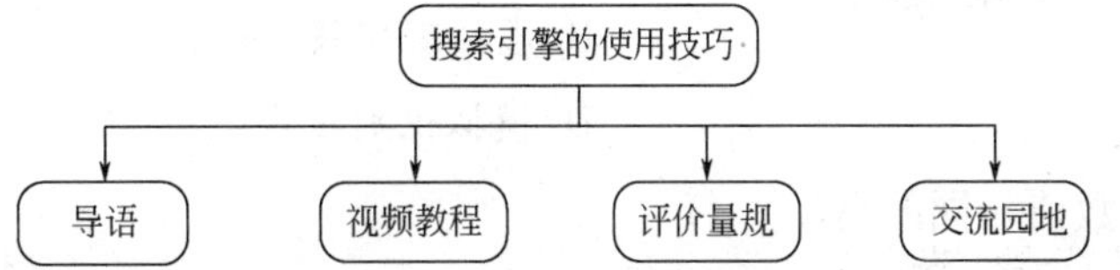

网站介绍：“导语”模块较为全面地介绍了搜索引擎及其分类；“视频教程”模块有介绍本节课教学内容的视频教程和搜索步骤；“评价量规”模块用于教与学的评价工具，包括自评表和互评表；“交流园地”模块支持学生提问、答疑、交流讨论。

教学对象：高中一年级学生

教学环境：多媒体网络教室，每位学生拥有一台计算机

教学用时：1 课时（45 分钟）

依据上述材料，完成下列任务：

(1)利用网站中所给的“视频课程”，设计学生自主学习和教学环节，并简述教师与学生活动的主要内容。（20 分）

(2)任选一种评价形式，检验学生自主学习效果，并描述具体内容。（15 分）

机密★启封前 姓名________ 准考证号________

教师资格考试预测试卷(三)

《信息技术学科知识与教学能力》(高级中学)

注意事项:

1. 考试时间为 120 分钟,满分为 150 分。
2. 请按规定在答题卡上填涂、作答。在试卷上作答无效,不予评分。

一、单项选择题(本大题共 15 小题,每小题 3 分,共 45 分)

在每小题列出的四个备选项中只有一个是符合题目要求的,请用 2B 铅笔把答题卡上对应题目的答案字母按要求涂黑。错选、多选或未选均无分。

1.《三国演义》中有关"蒋干盗书"的故事说:在赤壁之战时,蒋干从周瑜处偷走了人家事前伪造好的蔡瑁、张允的投降书,交给曹操,结果曹操将人斩首示众,致使曹操失去了仅有的水军将领,最后落得"火烧三军命丧尽"的下场。这说明信息具有(　　)

A. 共享性　　B. 时效性　　C. 真伪性　　D. 价值相对性

2. 小李在大众点评上购买 2 张电影票后,生成验证码(如下图所示),在观影前可通过猫眼取票机获得电影票。其中生成验证码的过程属于(　　)

A. 信息采集　　B. 信息编码　　C. 信息表达　　D. 信息发布

3. 执行语句"x = (a = 5, b = a − −);"后,x,a,b 的值依次为(　　)

A. 5,5,4　　B. 4,5,4　　C. 5,4,5　　D. 4,5,5

4. 一列数字入栈排序是 7,8,C,P,38,39,全部入栈再出栈,出栈后的顺序应该是(　　)

A. 7,8,C,P,38,39　　B. 7,8,P,C,38,39

C. 39,38,P,C,8,7　　D. 39,38,P,C,7,8

5. 字符"A"比"a"的 ASCII 码值小 32(十进制),已知字符"G"的二进制 ASCII 码值为 1000111,则字符"g"的二进制码值是(　　)

A. 1001111　　B. 1010111　　C. 1011111　　D. 1100111

6. 下列关于 HTML 文件的叙述,正确的是(　　)

A. HTML 文件可以用记事本创建

B. 标签 <head>... </head> 表示 HTML 文件的开始与结束

C. HTML 中的所有标签都是成对出现的

D. HTML 文件必须以 .htm 为扩展名

7. 下列选项中不遵守网络道德规范行为的是(　　)

A. 不向别人发送垃圾邮件和携带病毒的邮件

B. 不发布黄赌毒方面的信息

C. 下载别人的文章和资料

D. 不发布攻击谩骂别人的言论

8. 将帧频为 12fps、帧数为 480 的动画作品导出为声音禁用且不采用压缩格式的 AVI 视频文件,其参数为 320 × 280 像素、16 位彩色,则该视频文件的存储容量约为(　　)

A. 6.83MB　　B. 58.60MB　　C. 82.03MB　　D. 656.25MB

9. 如下图所示的流程图,输出的结果是(　　)

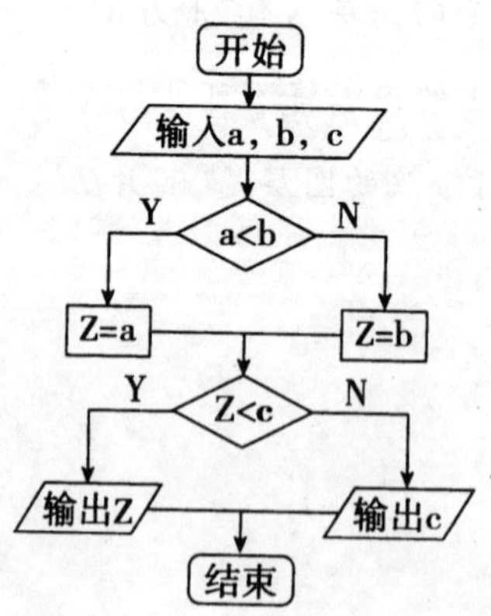

A. 三个数中的最大值　　B. 三个数中的最小值

C. 三个数的平均值　　D. 三个数的中间值

10. 小明在微信中绑定银行卡,他发现只需要打开手机的摄像头对着银行卡扫描,微信就会自动在输

入框内填写银行卡的卡号,这使用到的技术是(　　)

A. 模式识别　　　　B. 遥感遥测

C. 虚拟现实　　　　D. 无线网络

11. 某 Excel 文件中的部分数据如下图所示,若复制 F3 单元格中的内容,粘贴到 F5 单元格中,再将 F5 单元格中的内容,移动到 F6 单元格中,则 F6 单元格中显示的内容为(　　)

F3　　f_x　=SUM(C3:E3)

	A	B	C	D	E	F
1	2020—2021学年第一学期期末考试成绩					
2	学号	姓名	语文	数学	英语	总分
3	20191101	李峰	92	98	96	286
4	20191102	王宇	88	94	93	
5	20191103	安宁	94	94	97	
6	20191104	谢梦	91	93	95	

A. 286　　　　B. 285

C. 279　　　　D. =SUM(C6:E6)

12. 某 Flash 作品的部分制作界面如图所示,下列说法正确的是(　　)

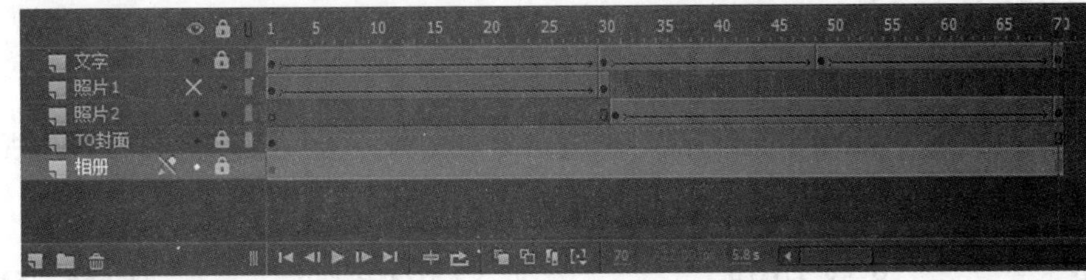

A. 时间轴上的 1、5、10 等表示的是时间

B. 在第 70 帧能直接添加动作命令的图层只有"照片 1"

C. 在测试影片时,"照片 1"图层上的内容将不可见

D. 能直接对关键帧中的对象进行修改的图层是"照片 2"

13. 有如下 VB 程序段:

```
s = 1, i = 0
Do While i < = 11
s = s * i
i = i + 3
Loop
```

语句 s = s * i 共执行的次数为(　　)

A. 12　　B. 11　　C. 5　　D. 4

14. 如图所示,在 Photoshop 中使用自由变换(Ctrl + T)命令时,如果要使图像有透视效果(见右图),下列说法正确的是(　　)

A. 按住 Shift 键

B. 按住 Ctrl 键

C. 按住 Ctrl + Shift 键

D. 按住 Ctrl + Shift + Alt 键

15. 在因特网电子邮件系统中,电子邮件应用程序(　　)

A. 发送邮件和接收邮件通常都使用 SMTP 协议

B. 发送邮件通常使用 SMTP 协议,而接收邮件通常使用 POP3 协议

C. 发送邮件通常使用 POP3 协议,而接收邮件通常使用 SMTP 协议

D. 发送邮件和接收邮件通常都使用 POP3 协议

二、简答题(本大题共 3 小题,每小题 10 分,共 30 分)

16. 编写一道程序实现以下功能:根据每个月的上网时间自动计算上网费用。计算方法如下:

$$费用=\begin{cases}30\text{ 元} & \leq 10\text{ 小时}\\ 3\text{ 元/小时} & 10\sim 50\text{ 小时}\\ 2.5\text{ 元/小时} & \geq 50\text{ 小时}\end{cases}$$

要求当输入每个月上网小时数时,显示该月的总上网费用。

17. 请简述 ROM 和 RAM 的联系。

18. 简述行为目标编写方法的四要素。

三、案例分析题(本大题共 2 小题,每小题 20 分,共 40 分)

19. 案例:

某老师在教学生利用 Visual Basic 进行编程的信息技术课程上,先让学生按照课本例题去操作,例题完成后再继续做练习题。一节课结束,该老师发现虽然学生一直在做题,但是一般都是死板地照着课本一步步完成,没有学习热情,脱离课本也无法独立操作。该老师经过反思后,认为一节课不应该过多地强调技能锻炼,也应该尊重学生的创新精神。于是该老师重新设计方法,让学生自主思考,先让计算机随机产生一组数组,然后选用一种方法进行排序。

(1)将学生分成 4 人一组,老师引入话题,学生在已经掌握了 VB 常用函数和语句以及几种排序方法的基础上,自主思考该如何实现这一功能。

(2)遇到问题,鼓励学生独立思考或者小组交流解决。

(3)排序方法的选择随意,只要完成要求即可。

问题:

(1)该老师的这种行为有什么值得学习的地方?(10 分)

(2)修改后的教学方案采用的是什么教学策略?(10 分)

20.案例:

在《美丽的校园》主题电子板报的教学中,教师首先为学生展示了一些以校园为主题的优秀多媒体作品(报刊、演示文稿、网页等),让学生逐个欣赏并评价作品的优缺点。在此基础上引导学生和教师一起制定“优秀电子板报评价量规”,从作品的技术性、艺术性、规范性、创新性、合作性等方面做出详细说明,然后让学生对照评价量规分小组完成作品设计。作品汇报的过程中让1名小组成员展示本组作品,2名组内成员补充分析本组作品的优势和不足。与此同时,要求其他小组成员按照“两点肯定、一个疑问(或建议)”的方式对汇报作品给予评价,最后由教师点评作品并提出作品改进意见。

问题:

(1)本案例中应用了哪些教学评价方式?(6分)

(2)本案例的不同评价环节中有哪些评价主体参与?(6分)

(3)试分析本案例中的评价体现了教学评价的哪些功能和原则。(8分)

四、教学设计题(本大题共1小题,共35分)

21.阅读材料,根据要求完成教学设计。

材料一 《获取网络信息的策略和技巧》选用XX基础教育课程资源研究中心信息技术教材编写组编著的《信息技术基础》(必修)模块第二章第二节第一课时的内容,本模块强调学生在经历信息获取的过程中,要掌握信息获取的策略与方法。

今天网络已成为人们获取信息的主要渠道之一,如何借助网络有效地获取信息,是高中学生必须学习的重要内容之一。教材着重要求学生学习网络信息检索的一般方法,归纳网络搜索引擎的使用技巧,这将为本模块其他内容和选修模块的继续学习奠定重要基础。本节课的学习内容分为两部分:第一部分学习网络信息检索的方法。该部分设置了任务,要求小组协作、借助网络检索自己想获取的信息,初步了解学生的网络检索水平,并通过比较几种方法的差异性及各自的优缺点,得出网络信息检索的策略,学会根据遇到的具体问题来选择适当的方法。第二部分学习使用搜索引擎,在众多的网络信息检索方法中,利用搜索引擎使网络信息高效检索成为可能,但是不同类型的搜索引擎及搜索引擎的不同使用技巧均会影响检索的结果和效率。该部分设置了搜索比赛活动,引导学生归纳总结搜索引擎的使用技巧。

材料二 在信息爆炸的当今社会,面对纷繁复杂的信息,高效地获取有用的信息来支撑自己的学习和工作,是新世纪青少年学生必须具备的信息素养之一。高中学生原本应该具备使用网络获取信息的能力,但由于地区的差异,高一只有少数学生有使用网络搜索信息的历史和感性经验,通过网络获取信息对于大多数学生有一定的难度,甚至少数学生由于家庭的原因(如家长担心子女沉迷网络游戏,影响学习,排斥子女上网等)从未接触过信息网络,给课堂的教学实施造成了一定的难度。因此课堂教学应从学生实际情况出发,实行分组协作(在新学期第一课已对学生进行摸底调查,分组过程中强调优势互补,以每五位学生为一组),充分发挥学生集体“原动力”。

教学对象:高中一年级学生

教学环境:多媒体网络教室

教学用时:1课时(45分钟)

依据上述材料完成下列任务:

(1)描述本节课教学目标和重难点。(10分)

(2)选择适宜的教学方法,并说明理由。(10分)

(3)根据材料设计教与学的活动。(15分)

机密★启封前　　　　　　　　　　　　　　　　姓名＿＿＿＿＿＿　准考证号＿＿＿＿＿＿

教师资格考试预测试卷（四）

《信息技术学科知识与教学能力》（高级中学）

注意事项：

1. 考试时间为120分钟，满分为150分。
2. 请按规定在答题卡上填涂、作答。在试卷上作答无效，不予评分。

一、单项选择题（本大题共15小题，每小题3分，共45分）

在每小题列出的四个备选项中只有一个是符合题目要求的，请用2B铅笔把答题卡上对应题目的答案字母按要求涂黑。错选、多选或未选均无分。

1. 下列对信息特征的理解，错误的是（　　）

A. 天气预报、情报等体现信息的时效性

B. 信息不会随时间的推移而发生变化

C. 文字刻在龟甲上体现信息的依附性

D. 盲人摸象体现信息具有不完全性

2. 关于算法的描述，下列选项中正确的是（　　）

A. 一个算法可以没有输入　　　　B. 算法只能用流程图表示

C. 一个算法，当没有输入时，也没有输出　　　　D. 一个算法的执行步骤可以是无限的

3. 在如下图所示的Excel数据表中，若要在D2单元格中显示购物金额超过300元即享有5%的折扣率，则应输入的公式为（　　）

	A	B	C	D
1	客户姓名	购买金额	折扣率	
2	李乐乐	890	5%	
3	赵可	250	0	
4	孙宏	355	5%	

A. =IF(B2>300,5%,0%)　　　　B. =IF(B2>300,0%,5%)

C. =IF(B2<300,5%,0%)　　　　D. =IF(B2>=300,5%,0%)

4. 在Excel中，以下关于排序描述正确的是（　　）

A. 先按主要关键字排序，然后再重新按次要关键字排序

B. 按主要关键字排序，次要关键字无效

C. 次要关键字字段按照次要关键字排序，其他字段按主要关键字排序

D. 先按主要关键字排序，当主要关键字的数值相同时，再按次要关键字排序

5. 正在编辑的文件因断电而丢失信息，原因是（　　）

A. RAM中信息因断电而丢失　　　　B. 存储器容量太小

C. 没有执行Windows系统的关机操作　　　　D. ROM中的信息因断电而丢失

6. 一段以每秒25帧播放、每帧画面为512×384像素、24位彩色，且未经压缩的AVI格式视频，正好能用一张650MB的DVD光盘刻录。则该视频时长大约是（　　）

A. 30秒　　B. 46秒　　C. 60秒　　D. 90秒

7. 老师利用数据处理软件对自己所带班级期中考试的数学成绩进行汇总并排序，这是（　　）的过程。

A. 信息加工　　B. 信息获取　　C. 信息发布　　D. 信息存储

8. 设a、b、c、d、m、n均为int型变量，且a=5，b=6，c=3，d=8，m=2，n=2，则逻辑表达式(m=a>b)&&(n=c>d)运算后，n的值为（　　）

A. 0　　B. 1　　C. 2　　D. 3

9. 严格的密码策略不包括（　　）

A. 满足一定的长度，比如8位以上　　　　B. 同时包含数字、字母和特殊字符

C. 系统强制要求定期更改密码　　　　D. 设置空密码

10. 小明的爸爸在开车时不小心闯了红灯，被电子摄像头拍摄并记录。交通管理信息系统是通过人工智能中的（　　）技术自动判别这次违章。

A. 自然语言处理　　　　B. 机器人

C. 博弈　　　　D. 模式识别

11. 已知学生属性有姓名、专业和学号，课程属性有课程代号和课程名。由如下E－R图可知，学生与课程之间是（　　）联系。

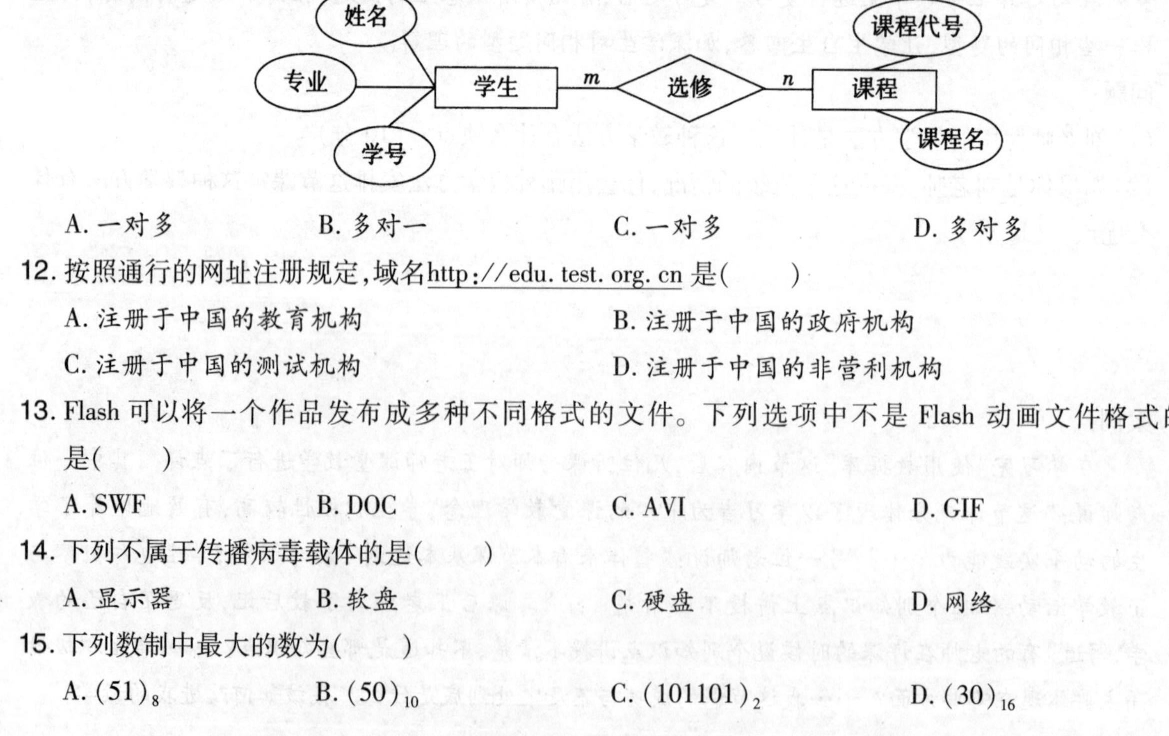

A. 一对多　　B. 多对一　　C. 一对多　　D. 多对多

12. 按照通行的网址注册规定，域名http://edu.test.org.cn是（　　）

A. 注册于中国的教育机构　　　　B. 注册于中国的政府机构

C. 注册于中国的测试机构　　　　D. 注册于中国的非营利机构

13. Flash可以将一个作品发布成多种不同格式的文件。下列选项中不是Flash动画文件格式的是（　　）

A. SWF　　B. DOC　　C. AVI　　D. GIF

14. 下列不属于传播病毒载体的是（　　）

A. 显示器　　B. 软盘　　C. 硬盘　　D. 网络

15. 下列数制中最大的数为（　　）

A. $(51)_8$　　B. $(50)_{10}$　　C. $(101101)_2$　　D. $(30)_{16}$

二、简答题(本大题共3小题,每小题10分,共30分)

16.“水仙花数”是指一个三位数,它的各个数位上数字的立方和等于该数本身。编程求所有的“水仙花数”。

17.简述总线型网络和星型网络的优缺点。

18.简述《普通高中信息技术课程标准》(2017年版2020年修订)中的学科核心素养。

三、案例分析题(本大题共2小题,每小题20分,共40分)

19.案例:

在一次考试中,刘老师让学生做的是该省份往年的一份普通高中学业水平考试检测试卷,从学生的答题情况来看,知识点掌握还算牢固。除个别学生在基础知识的掌握上有欠缺,大部分同学答得还算不错。

这节课刘老师要讲解这张试卷,首先他将试卷的知识点做了分析,再通过演示文稿将知识点罗列在幻灯片上带领学生进行复习。复习之后,开始讲解试卷上的试题,在讲解试题的同时,衍生出一些相同的题型,让学生自主回答,加深学生对相同题型的理解。

问题:

(1)刘老师使用的教学方法是什么?这种教学方法有什么缺点?(10分)

(2)如果你是刘老师,根据这个班级的情况,你会用哪种教学方法安排这节课?这种教学方法有什么优点?(10分)

20.案例:

在学习完“使用数据库”这节内容后,几位听课老师对王老师课堂教学进行了点评。其中一位老师说:“这节课充分体现了以学习者为中心的课堂教学理念,学生积极性较高,有效地培养了学生的动手实践能力……”;另一位老师说:“整体来看本节课基本达到了教学目标,学生也积极参与了教学活动,但在个别知识点上讲授不够清楚……”。课后王老师写了教后记,反思了自己的教学,写道“有的老师在评课的时候说个别知识点讲授不清楚,不知道是哪些知识点?……学生积极性高主要体现在哪些方面?……我这节课的成功与不足之处到底是什么?我该如何改进我的教学?”

问题:

(1)案例中使用了哪些教学评价和教学反思的方式?请分别列举。(6分)

(2)从“促进教学发展”的角度看,两位教师的评课是否有效?(6分)

(3)教学评价的功能有哪些?应当以什么样的理念来指导教学评价?(8分)

四、教学设计题(本大题共1小题,共35分)

21.阅读材料,根据要求完成教学设计。

材料一:《普通高中技术课程标准》(2017年版)(信息技术部分)多媒体技术应用选修模块的相关内容:通过本模块的学习,学生应该在亲身体验的过程中认识多媒体技术对人类生活、社会发展的影响;学会对不同来源的媒体素材进行甄别和选择,初步了解多媒体信息采集加工原理,掌握应用多媒体技术促进交流并解决实际问题的思想与方法,初步具备根据主题的要求、规划,设计与制作多媒体作品的能力。

视频信息的加工是“多媒体信息的加工与表达”单元中的教学内容,主要介绍常用视频编辑软件的使用方法,以及根据需要如何恰当选择软件工具进行简单的视频编辑、合成。

材料二:学生特征:其一,学生们通过上学期信息技术基础的学习,对视频加工有简单的了解;其二,随着各类数码产品的普及,实际生活中,很多同学有使用数码相机或手机拍片的经历,但大部分同学不会很好地应用视频加工技术,所以对此非常感兴趣,都希望能通过学习,最终创作出自己满意的视频作品,比如能把校运会、艺术节、班会活动中录制的视频信息进一步加工处理,留作美好回忆;其三,不可否认,学生之间认知能力和基础水平的差异很大,教师在教学中应充分考虑这些因素。

教学对象:高中一年级学生

教学环境:多媒体计算机机房

软件资源:多媒体网络教室软件;Adobe Premiere、会声会影、超级解霸等视频编辑软件;多媒体素材包,包括本课用到的音频、视频以及图片素材

教学用时:1课时(45分钟)

依据上述材料,完成以下任务:

(1)描述本节课的教学目标。(10分)

(2)根据材料设计一个教学过程。(25分)

机密★启封前　　　　　　　　　　　　　姓名＿＿＿＿＿＿　准考证号＿＿＿＿＿＿

教师资格考试预测试卷(五)

《信息技术学科知识与教学能力》(高级中学)

注意事项:

1. 考试时间为120分钟,满分为150分。
2. 请按规定在答题卡上填涂、作答。在试卷上作答无效,不予评分。

一、单项选择题(本大题共15小题,每小题3分,共45分)

在每小题列出的四个备选项中只有一个是符合题目要求的,请用2B铅笔把答题卡上对应题目的答案字母按要求涂黑。错选、多选或未选均无分。

1. 信息技术日益广泛地进入社会生产、生活的各个领域,使用信息技术必须遵守相关法律法规。以下行为构成犯罪的是(　　)

A. 在网站上共享自己的旅游视频

B. 通过网络传播计算机病毒造成严重后果

C. 下载基础教育资源平台上的课件

D. 通过电子邮件向老师提交作业

2. 小飞同学最近购买了一款华为B3智能手环,戴上手环后,手环记录了小飞同学每天的运动步数,并能通过微信朋友圈与好友分享运动数据,互相点赞。这一案例体现了信息的(　　)特征。

A. 真伪性　　B. 共享性　　C. 时效性　　D. 可加工处理性

3. 要建立一个“樱桃节”的主题网站,下面较为合理的信息集成过程是(　　)

①收集反馈、评价修正　　②确定主题、设计目标

③规划内容结构、收集加工素材　　④选择适当工具、实际制作

A. ③②①④　　B. ②①④③　　C. ①③②④　　D. ②③④①

4. 虚拟现实技术融合了计算机图形学、多媒体技术、(　　)等多个信息技术分支。

A. 传感技术　　B. 网络技术

C. 通信技术　　D. 三维动画技术

5. 下列关于HTML语言的叙述,错误的是(　　)

A. 网页中的HTML代码只能通过“所见即所得”型编辑工具编辑

B. HTML语言中可以嵌入多种网页特效代码

C. 即使不熟悉HTML语言也能制作网页

D. HTML语言通过一系列特定的标签来标识相应的意义和作用

6. 江苏科技馆有一种机器人能主动走近参观者并与之对话。下列关于这种机器人的说法中,正确的是(　　)

①机器人应用了能“看”、能“听”的传感技术

②机器人内部不需要存储设备

③机器人应用了控制技术来保持肢体的平衡

④机器人说话的声音是模仿人的语音经计算机加工处理合成的

A. ①②③　　B. ②③④　　C. ①③④　　D. ①②④

7. 在日常生活中,信息无处不在,为了更好地利用信息资源,通常要对信息资源进行较好的管理,下列不属于常见的管理方法的是(　　)

A. 人工管理　　B. 文件管理　　C. 数据库管理　　D. 自然管理

8. 某算法的部分流程图如下图所示,输入s的值为2020,i初始值为0,执行这部分流程图后,则s和i的值分别是(　　)

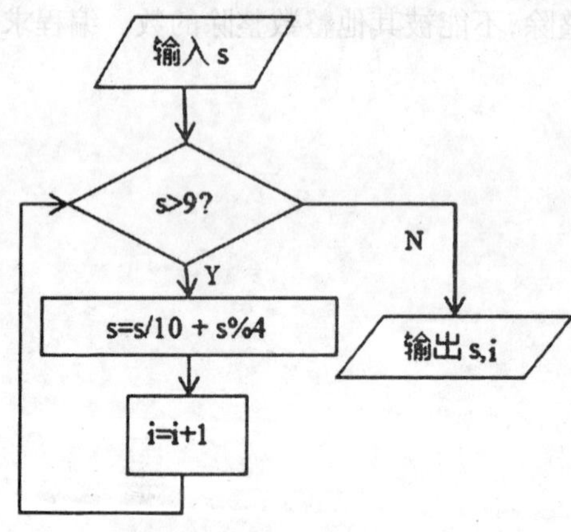

A. 3,5　　B. 5,3　　C. 4,3　　D. 3,4

9. 十进制数+37的补码为00100101,其相反数的补码应为(　　)

A. 11011010　　B. 11011011

C. 10100101　　D. 01011010

10. 在Windows操作系统中,Alt+Tab键的作用是(　　)

A. 在打开的应用程序之间互相切换　　B. 打开开始菜单

C. 关闭应用程序　　D. 打开应用程序的控制菜单

11. 互联网计算机在相互通信时必须遵循统一的规则称为(　　)

A. 安全规范　　B. 路由算法　　C. 网络协议　　D. 软件规范

12. 在 OSI 模型中,网卡工作在(　　)

A. 应用层　　B. 表示层　　C. 传输层　　D. 物理层

13. 下列关于算法的说法正确的是(　　)

A. 算法步骤可以是不确定的

B. 算法是人们解决问题的想法

C. 算法的步骤多少可以不受限制

D. 算法是解决问题过程所需的有限步骤

14. 张老师在使用 Word 编制试卷时,需要将试卷中所有的“不正确”三个字都加上着重号。若要批量完成这个任务,可使用 Word 软件中的(　　)

A. 批注功能　　B. 格式刷功能

C. 自动更正功能　　D. 查找和替换功能

15. 在计算机内部,计算机能够直接执行的程序语言是(　　)

A. 汇编语言　　B. C++语言

C. 机器语言　　D. 高级语言

二、简答题(本大题共 3 小题,每小题 10 分,共 30 分)

16. 素数是除了能被 1 和本身整除,不能被其他整数整除的数。编程求 100 以内的素数。

17. 简述计算机病毒的含义、特点和传播途径,以及常用防治计算机病毒的方法。

18. 信息技术课程的教学原则是什么?

三、案例分析题(本大题共 2 小题,每小题 20 分,共 40 分)

19. 案例:

课题:用解析法设计程序(高二年级)

主要内容:了解解析法的基本概念及用解析法设计算法的基本过程,能够用解析法分析简单的问题、设计算法,编写程序求解问题。打消学生对程序的神秘感,使学生对编写程序感兴趣;激发学生学习的欲望,培养学生敢于发现、勇于探索的精神。

根据材料,回答下列问题:

(1)根据信息技术学科的特点和学生认知特征,选择合适的教学策略和教学方法。(8 分)

(2)根据学生的学习起点、教学内容与学生已有的知识和技能之间的关系,确定教学重点。(6 分)

(3)根据确定的教学内容,应选择哪些教学资源?(6 分)

20. 案例:

目前,信息技术学科的教学评价多数还是采用传统的笔试或上机考试的方式。这种方式往往比较注重结果,而忽视了过程,在一定程度上降低了学生的学习兴趣,限制了部分学生的学习积极性,应当说是信息技术教学中存在的一个弊端。因此,信息技术学科的教学评价,不宜照搬传统的考试评价方式,要灵活多变,既要注重教学效果,又要能体现出发展学生个性和创新精神的特点。

在一次信息技术优质课评选中,王老师设计了这样一个题目:要求学生利用画图软件和 Word 做一幅反映北京奥运会的作品,要求图文并茂,主题突出。在进行作品点评时,教师并没有单纯就作品的好坏下一个结论,而是依据作品把学生的操作过程、解决问题的思路以及通过作品反映出来的学生的思维品质、个性及潜在的能力做了全面的评价。

有一个学生的制作过程是这样的:他首先从素材库中调用了一幅有天安门和鲜花的广场图片作水印景,然后使用画图软件做了一个五环标志贴到了文档中。由于操作较慢,最后的作品没能输入文字,画面布局也不是很合理。但这个学生超出题目限制,使用了多种软件和技巧来创作自己的作品,如果是传统的教学评价,不可能会取得一个好成绩,但王老师仍旧"大胆"地给了一个"优秀"。课后我们了解到,这个学生基础相对较差,今天能做到这个程度已经很不错了,所以王老师及时地给了鼓励。

问题:

(1)王老师采用了什么评价方法?(8 分)

(2)根据案例谈一谈日常教学中使用这种评价方法时应遵循的原则。(12 分)

四、教学设计题(本大题共 1 小题,共 35 分)

21. 课题:计算机病毒及其防治

"计算机病毒及其防治"是某出版社全日制普通高级中学教科书《信息技术》第四册"信息安全"中的第四部分和第五部分内容,本部分内容为 1 课时。在学习本课时之前,学生已经学习了计算机网络技术基础、因特网基础应用等知识,高中的计算机网络主要是以因特网应用为主线,深入细致地学习计算机各部分的内容。通过对本课时内容的学习,提高学生对计算机信息资源的保护意识,能够进一步有效地保护个人信息和各种计算机资源不受侵害,故本部分内容的学习很重要。教师应以学习计算机病毒的特点和瑞星杀毒软件的使用作为依托,激发学生支持国产软件的热情,着重培养学生的动手操作能力、思维能力、自我创新能力和团结协作精神,提高学生的信息素养,培养学生的综合能力,具体落实"三维"教学目标。

阅读上述材料,回答下面的问题:

(1)写出教学重点、难点。(10 分)

(2)写出教学目标。(10 分)

(3)写出教学过程。(15 分)

机密★启封前　　　　　　　　　　　　　　　　姓名＿＿＿＿＿＿＿＿ 准考证号＿＿＿＿＿＿＿＿

教师资格考试预测试卷(六)

《信息技术学科知识与教学能力》(高级中学)

注意事项:

1. 考试时间为120分钟,满分为150分。
2. 请按规定在答题卡上填涂、作答。在试卷上作答无效,不予评分。

一、单项选择题(本大题共15小题,每小题3分,共45分)

在每小题列出的四个备选项中只有一个是符合题目要求的,请用2B铅笔把答题卡上对应题目的答案字母按要求涂黑。错选、多选或未选均无分。

1. 网络上曾热传一段“郴州某私人推拿诊所在人贩子手里买了一个小孩当活教材,希望大家转发尽快找到孩子父母”的视频。经调查,网传消息不属实,视频内容为在耒阳的学术交流会上,郴州儿童医院谢医生演示如何治疗儿童斜颈病的过程,地点就在会场旁边的休息室,并不是私人推拿诊所。下列关于这件事的说法中,正确的是(　　)

A. 传播来源不明、真假未知的视频会对当事人造成负面影响,而造谣者更是违反了法律

B. 网络空间自由,转发消息不应被干预

C. 网络是法外之地,所以转发任何消息都不违法

D. 网上转发消息属于个人行为,不会对社会造成危害

2. 下列关于信息技术的说法中,错误的是(　　)

A. 信息技术主要包括计算机技术、通信技术和电子技术

B. 哑语和旗语可以用来交流信息,也属于信息技术

C. 一切与信息的加工、表达、交流、管理和评价有关的技术都可以称为信息技术

D. 信息技术就是计算机技术和网络技术

3. 使用Access软件打开数据库,数据表视图如左图所示,设计视图如右图所示,下列说法正确的是(　　)

技术成绩:表

	姓名	班级	信息	通用	总分
	陈宣甸	1班	44	38	82
	陈治翔	1班	41	46	87
▶	仇淇然	1班	40	41	81
	戴如豪	1班	46	43	89
	戴瑞博	1班	35	47	82
	丁渠城	1班	48	43	91
	方子芯	1班	43	48	91
*			0	0	0

记录: 3 共有记录数: 7

图a

技术成绩:表

	字段名称	数据类型
🔑	编号	自动编号
	姓名	文本
	班级	文本
	信息	数字
	通用	数字
	总分	数字

图b

A. 该数据库表名为“技术成绩.accdb”

B. 不能在当前选中记录前插入一条新记录

C. 可以添加一条新记录“陈宣甸 2班 50 45 95”

D. 左图状态下可以添加一个类型为“自动编号”的字段

4. 在互联网上,信息间要实现通信必须遵守各种协议,下列说法正确的是(　　)

A. 超文本传输协议,简称HTTP协议,适用于万维网的网页浏览

B. 文件传输协议,简称FTP协议,适用于网页形式的数据传输

C. 电子邮件发送遵守POP3协议,接收遵守SMTP协议

D. TCP/IP即简单网络管理协议,它是Internet最基本的协议

5. 在求解某数学题时,即使该题无解,也需答出结果是“无解”,此规定体现了算法特征的(　　)

A. 可行性　　B. 有穷性　　C. 1个或多个输出　　D. 确定性

6. 微型计算机系统中的中央处理器(CPU)是由(　　)组成的。

A. 控制器和运算器　　B. 控制器和存储器

C. 存储器和寄存器　　D. 运算器和存储器

7. 以下网页中,属于动态网页的是(　　)

A. 能与用户进行交互的网页　　B. 有图片的网页

C. 有动画的网页　　D. 有视频的网页

8. 如图所示,在Word文档中,鼠标指针在某段文字中,此时快速单击三次鼠标,将选中(　　)

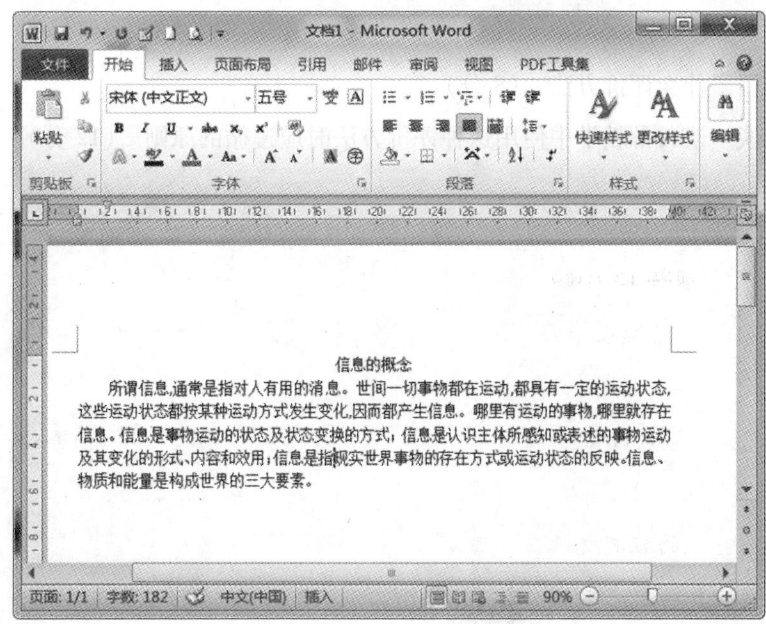

A. 一段文字　　B. 一句文字　　C. 一行文字　　D. 整篇文档

9. 下列关于微信视频聊天的说法不正确的是(　　)

A. 收集摄像头拍摄视频画面的过程属于信息的采集

B. 将拍摄的视频进行压缩的过程属于信息的编码

C. 视频聊天体现了信息具有传递性和共享性

D. 视频画面在传递过程中是不需要载体的

10. 李云波在 Windows 系统命令提示符窗口查询本机的 IP 地址时，出现如下图所示的界面，他最可能使用了哪个命令？(　　)

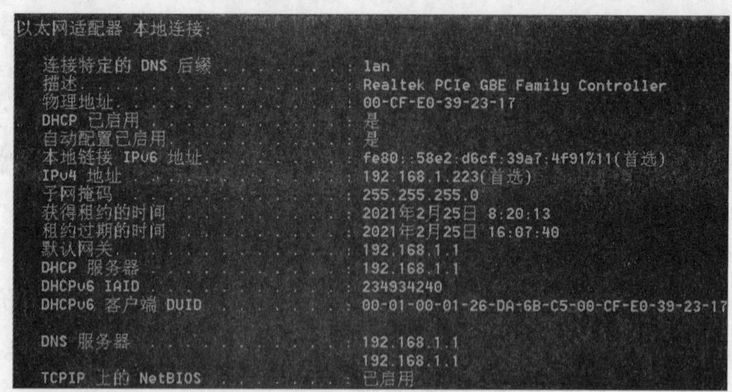

A. ipconfig/all　　B. netstat －n　　C. ping　　D. nslookup

11. 如图所示是把二进制数$(11111)_2$转换为十进制数的一个程序框图，判断框内应填入的条件是(　　)

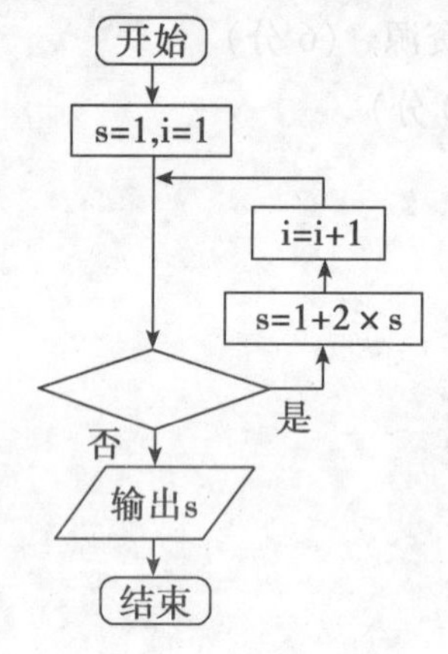

A. i＞4　　B. i≤4　　C. i＞5　　D. i≤5

12. 下列关于 Access 数据库和数据表的描述中，不正确的是(　　)

A. 数据库中的数据表个数是有限的

B. 一个数据库文件中不存在字段名相同的字段

C. 同一个数据库中数据表名不能相同

D. 数据库管理系统是为了建立、使用和维护数据库而设计的数据管理软件

13. 采样和量化是数字音频系统中的两个最基本的技术，以下正确的是(　　)

A. 48kHz 是量化　　B. 16bit 是量化

C. 8bit 比 16bit 质量高　　D. 16kHz 比 48kHz 质量高

14. 无人驾驶汽车成为许多大互联网公司的研发方向，例如谷歌、阿里巴巴、百度等。相对于传统汽车，无人驾驶汽车的安全性更高，它可以自动识别交通标志、路况等，保证汽车在遵守交通规则的前提下安全出行。这采用的技术主要是(　　)技术。

A. 虚拟现实　　B. 图像识别

C. 语音识别　　D. 机器翻译

15. 以下关于 Excel 中数据筛选的说法，正确的是(　　)

A. 筛选就是把符合指定条件的数据保留，不符合条件的数据删除

B. 筛选是一种数据分析方法，它不会改变原始数据

C. 筛选只有“自定义筛选方式”来制定筛选条件

D. 一旦执行筛选命令，则筛选框的下拉按钮就无法再取消

二、简答题(本大题共 3 小题，每小题 10 分，共 30 分)

16. 编写程序输出“九九乘法表”。

17. 简述计算机系统的组成。

18. 常见的图像文件类型有哪些？(至少列举 3 种)简述它们的特点。

三、案例分析题(本大题共 2 小题，每小题 20 分，共 40 分)

19. 案例：

材料 1　在上课前，陈老师对所在的(1)班全体学生进行课前调查，目的是获知学生对于即将要学习的“用计算机制作多媒体作品”的了解程度。结果发现有 18% 的学生从没听说过该知识；27% 虽然听说过但并不会动手操作；还有 22% 的学生由于之前有过基础因此对“用计算机制作多媒体作品”非常了解。

材料 2　由于学校地处城乡接合部，学生来源不同，一部分学生接触计算机较多，对计算机操作比较熟悉，另一部分学生接触计算机相对较少，学生之间存在基础差异。教师可通过设计适宜的学习活动，让学生相互帮助，实现全体学生共同发展。

材料 3　信息技术课程提倡“自主、合作、体验、探究”的学习方式，其中以小组合作为代表的合作学习被教师们广泛运用。合作学习是由学习个体合作的方式代替教师主导的教学设计，通过

互相交流,共同解决某些问题。在完成合作学习任务的同时,帮助学生获取较高的学习成果,更积极的人际互助,形成健康的心理。合作学习也进一步促进高层次心智活动(分析、推理、比较)的开展。但是实际教学中存在合作匆忙,合作内容简单,缺乏深思熟虑,合作无机制,盲目分组,成员分工不明,合作学习过程中全员参与度不够,发言汇报时往往优等生包揽全场,其他人只是盲从等现象。

问题:

(1)列举造成学生信息技术能力出现差异的原因。(8分)

(2)针对学生基础水平差异,你将采用什么教学策略。(6分)

(3)如果让你组织开展合作学习,谈谈你的具体做法。(6分)

20. 阅读材料,回答下面的问题:

杨老师在教学“数据处理”一节中,采用分组合作的方式组织了一次生动活泼的课堂教学活动。课后,杨老师将“小组学习评价表”发到各个小组,让同学们课后进行自评和互评。

“数据处理”小组学习评价表

具体表现		学生自评			学生互评		
		很棒	一般	欠缺	很棒	一般	欠缺
1	了解收集数据的多种方法和途径						
2	会对数据按照要求进行排序						
3	能熟练筛选自己需要的有效数据						
4	能按照要求对数据进行分类汇总						
5	乐于助人						
6	分工明确						
教师总体评价							

杨老师收齐评价表格之后,发现第一组所有成员的互评成绩都是“很棒”。杨老师知道第一组这5个男生平时就是很要好的哥们儿,肯定不好意思给彼此低分,才造成这样的结果。实际上,第一组成员学习水平各有优劣,并不均衡,虽说最后完成的任务不错,但这样的评价结果并不客观。

问题:

(1)杨老师的评价方法有学生自评和学生互评,请说明学生互评的目的是什么。(10分)

(2)杨老师怎样做才能使第一组成员的互评更加有效?(10分)

四、教学设计题(本大题共1小题,共35分)

21. 课题介绍:《声音的录入与编辑》是某教育出版社《信息技术基础》第四章的内容。

学情分析:高一学生对电脑音频有一定的接触和了解,同时有个别学生掌握了声音录制的一些基本方法和手段。但是,大部分学生对声音的录制技巧、基本条件(硬件和软件)、编辑操作(对声音文件进行选取、删除、降噪、插入等操作)知之甚少;而学生对灵活运用数字音频具有浓厚的兴趣,希望能够掌握编辑音频文件的几种常用方法和技术,并希望知道有哪些常见的编辑声音文件的工具软件(如录音机、GoldWave、Cool Edit等)。

根据上述学情,赵老师设计了以下教学思路:

拟采用的教学形式:活动课创建“我的绕口令”(音频文件),集体参与评价与挑战。

拟采用的教学过程:情境导入、设置任务、学习实践、交流评价、实践创新、总结引导。

拟采用的评价形式:自评、他评、互评、点评。

依据上述材料,完成下列任务:

(1)确定本节课的教学目标。(9分)

(2)简要说明需要准备哪些教学资源。(6分)

(3)为本节课设计教学活动。(20分)

机密★启封前　　　姓名__________　准考证号__________

教师资格考试预测试卷(七)

《信息技术学科知识与教学能力》(高级中学)

注意事项:

1. 考试时间为120分钟,满分为150分。
2. 请按规定在答题卡上填涂、作答。在试卷上作答无效,不予评分。

一、单项选择题(本大题共15小题,每小题3分,共45分)

在每小题列出的四个备选项中只有一个是符合题目要求的,请用2B铅笔把答题卡上对应题目的答案字母按要求涂黑。错选、多选或未选均无分。

1. 下列关于信息表达与交流的叙述,错误的是(　　)

A. 信息的表达与交流都需要遵守法律规范

B. 电子公告板、微博都是网络信息交流的方式

C. 信息表达与交流是在因特网出现后产生的

D. 同一种信息内容可以采用不同的方式表达

2. 随着我国知识产权法制环境的建立和改善,人们的知识产权观念进一步强化。下列关于计算机软件知识产权的说法错误的是(　　)

A. 未经同意解密他人软件不构成对著作人的侵权

B. 购买一个正版软件后,获得了该软件的使用权

C. 销售盗版软件属于违法行为

D. 未经著作人同意,复制他人软件属于违法行为

3. 流程图是描述(　　)的常用方式。

A. 程序　　B. 算法　　C. 数据结构　　D. 计算规则

4. 利用计算机来模拟人类的某些思维活动,如医疗诊断、模拟飞行等都属于(　　)技术。

A. 数值计算　　B. 自动控制　　C. 人工智能　　D. 辅助教育

5. 在HTML语言中,表格中行的开始和结束的标记是(　　)

A. <body> </body>　　B. <tr> </tr>

C. <td> </td>　　D. <table> </table>

6. "优先点菜"是一款集点菜、支付、分享于一体的手机应用软件,我们可以通过手机客户端查看到当地优质品牌餐饮门店及图文菜单,并预先点菜、支付,避免了餐前点菜、餐后结账时等候的麻烦。小利使用该App事先点好菜的过程属于(　　)

A. 信息的采集　　B. 信息的发布　　C. 信息的加工　　D. 信息的存储

7. 在Photoshop中,魔术棒的作用是(　　)

A. 产生神奇的图像效果　　B. 按照颜色选取图像的某个区域

C. 图像间区域的复制　　D. 滤镜的一种

8. 下列改进课堂教学方法的理念,不正确的是(　　)

A. 把学生看作教育的主体

B. 促进学生的自主学习,激发学生的学习动机

C. 教学方法的选用完全由教学目标来决定

D. 让学生自己去发现规律,进而认识规律

9. 自主、合作、探究学习活动的网络学习环境不包括(　　)

A. 学习资源　　B. 学习工具　　C. 协作交流平台　　D. 学习评价

10. 小明要制作一个北京冬奥会宣传的多媒体作品,正确的制作过程是(　　)

①规划与设计　②需求分析　③发布与评价　④作品集成　⑤素材采集与加工

A. ①④⑤③②　　B. ⑤③②①④　　C. ④⑤③①②　　D. ②①⑤④③

11. 图像的数字化过程包括采样、量化、编码,其中将表示图像色彩浓度的连续变化值离散成整数值的过程属于(　　)阶段。

A. 采样　　B. 量化　　C. 编码　　D. 以上都不是

12. 在Excel中对数据进行升序排序,对于排序列中空白单元格的行(　　)

	A	B	C	D	E	F	G
1	学号	姓名	语文	数学	英语	理综	总分
2	201301	孙倩	97	124	135	241	597
3	201302	王群	105	101	103	287	596
4	201303	甄子	124	101	115	214	554
5	201304	李月	80	90	109	249	
6	201305	王思阮	110	77	104	237	528
7	201306	吴筝	109	99	107	226	541
8	201307	江沫沫	135	107	97	218	557
9	201308	赵陌笙	89	119	95	208	511
10	201309	佳期	95	136	124	268	623
11	201310	阮正东	101	145	129	204	579

A. 补0值然后参与排序　　B. 保持原始次序

C. 放置在排序后的数据清单的最前面　　D. 放置在排序后的数据清单的最后面

13. 要在Word中达到如下图所示的图文混排效果,需要设置图片的环绕方式为(　　)

土豆 人们未来的粮食

联合国将2008定为国际马铃薯年,将马铃薯定义为地球"未来的粮食",并认为有必要使全世界都来关注它。而在新版的《中国居民膳食指南》里面,也建议居民要适当增加薯类的摄入,每周吃5次左右,每次摄入50-100克以满足平衡膳食的需要。毫不起眼的马铃薯已在全世界掀起一场主食革命。

土豆在中国有许多俗称,如马铃薯、洋芋等。土豆是较为通用的别名。中国老百姓爱吃土豆,如炒土豆丝、炖土豆块……也一直把土豆当做蔬菜来吃。其实,土豆是一种粮菜皆可的食物,在俄罗斯它被称为"第二面包"。也就是说,它的营养价值不逊色于稻米、小麦,土豆是可以被当作主食的。

A. 四周型　　B. 浮于文字上方　　C. 衬于文字下方　　D. 紧密型

14. 阅读如下图所示的流程图,若输入 a=3,b=1,则输出的结果是(　　)

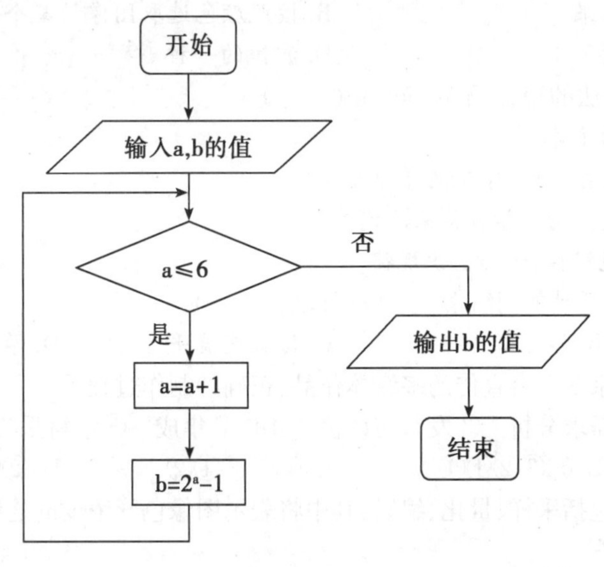

A. 6　　B. 1　　C. 63　　D. 127

15. 下列选项中,与语句“If x<0 Then y=−1 Else y=1”功能相同的是(　　)

A. If x<0 Then y=−1 y=1　　B. y=1 If x<0 Then y=−1

C. If x<0 Then y=−1 If x>0 Then y=1　　D. If x>0 Then y=1 Else y=−1

二、简答题(本大题共 3 小题,每小题 10 分,共 30 分)

16. 网络安全的隐患有哪些?有什么解决途径?

17. 什么是计算机网络?计算机网络的功能主要有哪些?

18. 简述《普通高中信息技术课程标准》(2017 年版 2020 年修订)中的课程性质。

三、案例分析题(本大题共 2 小题,每小题 20 分,共 40 分)

19. 阅读材料,回答下面的问题:

杨老师在“Photoshop 图片的处理”教学时,新课讲授前先回顾了上一堂课的内容,然后对国庆期间学生拍的照片进行了个别点评,并给出了一张图像,师生互动如下:

师:这张照片的主题突出吗?

生:不突出(齐声)!

师:那我们再看这张照片还有什么问题没?

学生默不做声。

师:怎么会没问题?很明显啊,这张照片是歪的,下面我们就来介绍一下照片的裁剪和水平线调整。

杨老师开始进行课程的讲解,一气呵成,中间毫无停顿,杨老师感觉自己讲得很顺畅,并且边讲边演示,习惯性地不停晃动操作界面中自己的鼠标,然后杨老师给学生布置了任务。5 分钟后,杨老师利用多媒体教学系统查看学生界面,发现还是有大部分学生不会操作,有的学生把照片复制到 PPT 中,利用 PPT 中的旋转来调整照片的水平线。

问题:

(1)杨老师提供的照片合适吗?(2 分)请说明理由。(8 分)

(2)杨老师在教学演示过程中有哪些不当之处?(5 分)该如何改进?(5 分)

20. 案例：

一名学生的日记中有这样一些内容“信息技术课堂上，老师只提问那些学习成绩比较好的学生，其他学生看都不看一眼，更不用说我们这些差生了。我想不通，大家坐在同一间教室，同样都是老师的学生，为什么老师对待我们的态度完全不一样？难道成绩就那么重要吗？”

根据上述案例，试分析以下问题：

(1)上述的这位学生用到了教学评价中的什么方法？这种方法的主要内容是什么？(10分)

(2)上述案例中，你怎样看待这位信息技术老师的行为？并说出理由。(10分)

四、教学设计题(本大题共1小题，共35分)

21. 阅读材料，根据要求完成教学设计。

“多途径下载文件”选自某出版社出版的《信息技术基础》(必修)第二章第三节“文件的下载”，是“文件的下载”的第二个课时，在第一课时学习了“网际快车(FlashGet)和FTP下载工具(CuteFTP)的使用以及文件的重要属性及类型，让学生了解文件在计算机系统中存储位置的具体表示”这些内容。本课时将教材的顺序稍微改变了一下，将原来放在最后的下载软件的介绍提到前面，本节课重点让学生尝试网络文件的基本下载方法、下载方案的选择和确定，对于性质、类型都不同的网站以及不同的下载软件(断点续传、多线程、定时下载等)有初步的认识和体验，领会、掌握利用网络合法获取(下载)信息的方法。让学生对基本途径、可能的方案及不足有一个完整的把握，并能对其做出相对客观的评价。下节课再从下载效率的提高、策略的优化上让学生感受并对本章节进行总结式学习。

教学重点：选用适当的途径有效地下载文件，存储和管理文件资源。

教学难点：网络文件下载方案的选择和确定。

学情分析：该班是重点中学的实验班，学生有一定的自觉性及自学能力，因为初中毕业于不同学校，信息技术水平参差不齐。在“文件的下载”的第一课时已经学习了相关下载软件的使用，学生有了一定的技术支持。这节课直接让学生体验、实践下载操作，选择下载的途径和可能的方法。

依据上述材料，完成下列任务：

(1)确定本节课的教学目标。(15分)

(2)请为本节课设计一段导入。(10分)

(3)请为本节课设计教学评价活动。(10分)

机密★启封前　　　　姓名________　准考证号__________

教师资格考试预测试卷(八)

《信息技术学科知识与教学能力》(高级中学)

注意事项:

1. 考试时间为 120 分钟,满分为 150 分。
2. 请按规定在答题卡上填涂、作答。在试卷上作答无效,不予评分。

一、单项选择题(本大题共 15 小题,每小题 3 分,共 45 分)

在每小题列出的四个备选项中只有一个是符合题目要求的,请用 2B 铅笔把答题卡上对应题目的答案字母按要求涂黑。错选、多选或未选均无分。

1. 下列说法不正确的是(　　)

A. 信息在共享时不会有损耗

B. 信息可以从一种形态转换为另一种形态

C. 二维码链接中的信息不可能包含病毒,因此可以任意扫描二维码

D. 勾选了“记住密码”选项,方便了用户登录,但可能存在安全隐患

2. 用 Photoshop 制作某作品背景图片,另存为下列格式的文件,其中不能直接插入到 Word 文档中的文件格式是(　　)

A. bmp　　B. jpg　　C. gif　　D. psd

3. 下列叙述中,说法正确的是(　　)

A. 编译程序、解释程序和汇编程序不是系统软件

B. 故障诊断程序、排错程序、人事管理系统属于应用软件

C. 操作系统、财务管理系统、系统服务程序都不是应用软件

D. 操作系统和各种程序设计语言的处理程序都是系统软件

4. 小李想找一首周杰伦的歌,他采用的方法是:在百度首页单击“音乐”,再单击打开页面中的歌手“周杰伦”,得到歌曲列表(如图),这种搜索方法是(　　)

歌手列表 > 周杰伦

周杰伦的热搜歌曲 (177首)　试听全部

1. 青花瓷　　2. 稻香

A. 全文检索　　B. 关键字检索　　C. 目录检索　　D. 自动网页检索

5. 在 HTML 语言中,表示页面主体内容的标签是(　　)

A. <html> </html>　　B. <form> </form>

C. <table> </table>　　D. <body> </body>

6. 时长 20 分钟的音频,删掉开头 10 分钟,然后把左声道关闭,处理后文件的存储容量是未处理之前文件储存容量的(　　)

A. 1/2　　B. 1/3　　C. 1/4　　D. 1/5

7. 小明购买了最新款华为手机,利用其语音控制功能(小 E)设置备忘录,小明对着手机说:“你好,小 E。双十一提醒我清空购物车。”小 E 自动语音回复:“好,我会提醒你”,随之将“清空购物车”添加到提醒事项,该技术属于(　　)

A. 语音识别技术　　B. 字符识别技术　　C. 虚拟现实技术　　D. 遥感技术

8. 和传统教学模式相比,多媒体辅助教学有着明显的优点,下列不属于多媒体教学优点的是(　　)

A. 能弥补视角和空间的局限性　　B. 有利于激发学生的学习积极性

C. 能创设生动形象的教学环境　　D. 有利于完成情感教学目标

9. 任务驱动教学法的主要特征不包括(　　)

A. 以教师为主导　　B. 以学生为主体　　C. 以任务为主线　　D. 以兴趣为中心

10. 在 OSI 参考模型中,工作在第二层上的网间连接设备是(　　)

A. 集线器　　B. 路由器　　C. 交换机　　D. 网关

11. 使用 Access 创建的“图书”数据表,其设计视图的部分界面如下图所示。下列说法正确的是(　　)

图书

字段名称	数据类型
编号	自动编号
书名	文本
作者	文本
收藏日期	日期/时间
价格	货币
是否借出	是/否

A. 该数据表创建完成后,不能添加字段

B. 该数据表中,不会有两条记录的“编号”字段值相同

C. 该数据表添加记录后,就不能对数据表的字段名进行修改

D. 在该数据表中,“三十五元”可以是“价格”字段的有效输入值

12. 某校高一、高二和高三年级的男生女生的人数图表如下,该图的图表类型是(　　)

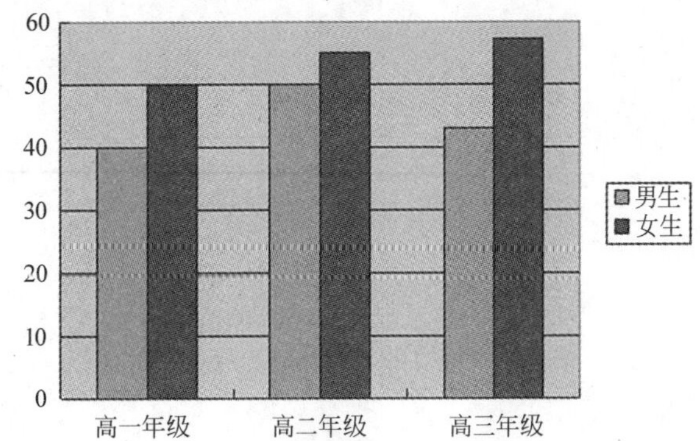

A. 柱形图　　B. 折线图　　C. 饼图　　D. 条形图

13. 查询如左下图所示的学生关系表中都有哪些系,得到如右下图所示的结果,此过程需采用的操作是(　　)

学号	姓名	性别	所在系
20191501	李勇	男	CS
20191502	刘欣	女	CS
20191503	王娜	女	MA
20191504	高宇	男	IS

所在系
CS
MA
IS

A. 选择　　B. 投影　　C. 连接　　D. 交

14. PowerPoint 所提供的(　　)功能,可对幻灯片文件中的所有幻灯片进行超文本链接,从而可使幻灯片由顺序放映的线性结构变为人为控制放映顺序的超文本网状结构。

A. 排练计时　　B. 动作设置

C. 预设动画　　D. 自定义动画

15. 网络拓扑结构是指用传输介质互连各种设备的物理布局。具有中心节点的网络拓扑属于(　　)

A. 总线型拓扑　　B. 星型拓扑

C. 环型拓扑　　D. 网状拓扑

二、简答题(本大题共 3 小题,每小题 10 分,共 30 分)

16. 简述 OSI 参考模型中各层的功能。

17. 位图与矢量图是数字图像的两种表示方式,请简要回答二者的主要特点是什么?

18. 在信息技术教学中为什么要"关注基础水平和认知特点差异,鼓励个性化发展"?

三、案例分析题(本大题共 2 小题,每小题 20 分,共 40 分)

19. 案例:

在某节信息技术课上,李老师想让大家熟练地掌握"邮件合并"这个知识点。邮件合并是先建立两个文档,一个是包括所有文件共有内容的 Word 主文档(比如信封等),另一个 Excel 文档包括变化信息的数据源(收件人、发件人、邮编等),然后使用邮件合并功能在主文档中插入变化的信息,合成后的文件保存为 Word 文档,可以打印出来,也可以以邮件的形式发送出去。

课上李老师首先为学生们展示了一封邀请函,邀请函的主题是即将进行的第十二届金鹰节。同学们看到后,交头接耳,议论纷纷。

"在长沙举行吧?"

"金鹰女神是谁呀?会是迪丽热巴吗?"

李老师听到同学们的小声议论后,突然意识到自己犯了一个错误。但为了保证教学质量,她只能开始讲解邮件合并的优点和操作方式。之后她为同学们布置了课堂练习任务,让学生自制一张家长会的邀请函。

问题:

(1)你认为李老师为同学们展示的"第十二届金鹰节"邀请函,在教学中的作用有哪些?(10 分)

(2)你觉得李老师犯了什么错误?如果你是李老师,你该如何改进?(10 分)

20. 案例:

赵老师在"制作 Flash 动画——引导层动画"课程教学结尾时,布置了一个创作性任务并且给出了一个评价量表,量表的具体内容如下:

基本操作	评分
1. 制作小球元件	5~10 分
2. 添加运动引导层	5~10 分
3. 插入关键帧	5~10 分
4. 创建补间动画	10~15 分
5. 对齐中心点和端点	10~15 分
综合运用	评分
1. 测试动画	10~20 分
2. 主题思想	10~20 分

小明对 Flash 一直比较熟悉,在班上也学得最好,通过这个评价量表,小明拿了一百分,可是班上也有好几个同学拿了一百分,赵老师发现这个评价量表没有突出小明和其他同学的区别。

问题：

(1)赵老师的评价量表有什么可取之处？在评价量表中设计了“基本操作”和“综合运用”两个模块，其评价目的是什么？(10 分)

(2)你认为对小明这样的同学进行评价时，此评价量表可能存在哪些问题？应如何改进？(10 分)

四、教学设计题(本大题共 1 小题，共 35 分)

21. 课题：搜索引擎的使用

教案背景：“搜索引擎的使用”源于高一信息技术基础必修教材，适用于高中一年级。高一学生来源于不同的初中学校，信息技术水平参差不齐，有个别学生属于零起点，即使是熟悉网络的一部分学生，并不真正熟悉搜索引擎，只会简单的关键字搜索。因此整个学生群体都需要加强使用互联网技术技巧方面的教学指导，并需要在教学中不断提升学生信息素养。高中生已经具备了一定的认知和探究能力，因此在对比多个搜索引擎之后，应学习搜索引擎相关知识，再深入了解百度搜索引擎的细枝末节。这样的学习过程，一方面引导学生对搜索引擎有更深刻的认识，另一方面在体验中引发学生对技术价值的思考。

依据上述材料，完成下列任务：

(1)描述本节课的教学目标。(10 分)

(2)描述本节课的教学重点与教学难点。(10 分)

(3)从教学方法、信息资源及工具的应用、教学过程等角度完成简要的教学设计。(15 分)